귀여운 악녀가 남자를 리드한다

글 | 나이토 요시히토 옮긴이 | 정문주
펴낸이 | 이재은 펴낸 곳 | 비즈니스세상
편집 | 조혜린, 송두나 디자인 | 황숙현
마케팅 | 이주은, 이은경, 박용
주소 | 서울시 마포구 서교동 444-16호 영진 빌딩
전화 | 02-338-2444 팩스 | 02-338-0902
E-mail | everybk@hanmail.net
Homepage | www.ieverybook.com www.세상모든책.kr
출판등록 | 1997.11.18. 제10-1151호
초판 1쇄 발행 | 2010년 3월 22일

Copyright ⓒ 2010 세상모든책
이 책에 실린 글과 그림을 무단으로 복사, 복제, 배포하는 것은
저작권자의 권리를 침해하는 것입니다.
ISBN 978-89-5560-257-9 13180

 비즈니스세상은 세상모든책의 임프린트입니다.

잘못 만들어진 책은 바꾸어 드립니다.

"KOAKUMA NA ONNA WA OTOKO O CHOKYO SURU" by Yoshihito Naito
Copyright ⓒ Yoshihito Naito, 2006.
All rights reserved.
Original Japanese edition published by Kawade Shobo Shinsha, Publishers, Tokyo.

This Korean edition published by arrangement with Kawade Shobo Shinsha, Publishers, Tokyo in care of Tuttle-Mori
Agency, Inc., Tokyo through EntersKorea Co., Ltd., Seoul.

이 책의 한국어판 저작권은 (주)엔터스코리아를 통한 일본의 Kawade Shobo Shinsha, Publishers와의
독점 계약으로 세상모든책이 소유합니다.
신 저작권법에 의하여 한국 내에서 보호를 받는 저작물이므로 무단전재와 무단복제를 금합니다.

귀여운 악녀가 남자를 리드한다

나이토 요시히토 지음　정문주 옮김

| 들어가는 말 |

연애는 전쟁이다

　당신은 현재 만족스러운 연애 중인가? 폐기 처분해야 마땅한 상대에게 시간을 낭비하고 있지는 않은가? 그보다 더 중요한 것 하나. 여러분은 누구의 눈치도 안 보고 그를 마음대로 조종할 수 있는가?

　만약 이 질문에 자신 있게 "예스!"라고 대답할 수 있다면 성공적인 연애를 하고 있는 것이다. 하지만 세상에는 바로 이 부분에서 자신감을 잃은 안타까운 여성들이 의외로 많다. 그들은 지금도 남자 손에 휘둘려 힘든 연애를 하고 있을지도 모른다. 사랑받고 싶다는 욕구를 충족시키기 위해 젖 먹던 힘까지 내보지만 남는 게 괴로움뿐이라서야 어디 제대로 된 연애라고 할 수 있을까?

　하지만 걱정할 것 없다. 이 책을 읽다 보면 자기도 모르는 사이에 연애의 고수가 되어 있을 테니까. 이 책에는 남자의 마음을 사로잡고 놓아주지 않는 악녀가 되기 위한 테크닉이 아낌없이 공개되어 있다. 이제 여러분이 할 일은 이 책을 읽고 궁극의 기술을 확실히 익혀 두는 것이다.

　연애는 젊음의 특권이다. 젊음의 본질은 온몸을 불사르는 용기와 열정 아닌가? '여자는 기다려야 한다.' 라는 선입견이 있다면 속시원히 벗어던지고 그 뜨거운 용기와 열정을 총동원해 보자.

이 책은 남자에게 리드 당하는 것처럼 보이지만 실제로는 주도권을 잡는, 상대의 말대로 움직이는 것처럼 보이지만 실제로는 당신 뜻대로 완벽하게 그를 조종하는 귀여운 악녀가 되는 비결을 소개하는 책이다.

　필자는 '그를 얻을 수만 있다면 무슨 일이든 하겠다.'라는 오기가 있는 독자들이 이 책을 읽어 주기 바란다. 부끄럽지 않으면서 자연스러운 수줍음을 연출하는 비결, 상대를 안달 나게 하는 비결, 술에 취한 척 그를 유혹하는 비결, 그 남자의 흥분을 세 배로 끌어올리는 섹스 테크닉에 이르기까지 모조리 공개한다.

　이 모든 비법을 제대로 익히기만 한다면 당신은 어떤 남자든 성공적으로 공략할 수 있을 것이다. 바로 그런 테크닉을 알려 주는 것이 이 책의 목적이다. "연애에는 매뉴얼이 없어.", "사랑에서 제일 중요한 건 자신의 감정과 애정이야."라고 생각하는 독자라면 이 책을 덮어도 무방하다. 이 책은 그런 사고방식과는 관점을 달리하는 테크닉에 모든 초점이 맞춰져 있기 때문이다.

　고귀하고 올바른 연애 정신을 기대하는 독자라면 아쉽지만, 이 책을 통해 얻을 것이 없다. 탁상공론으로는 남자의 마음을 사로잡을 수 없다는 것이 필자의 생각이니까.

　필자가 노리는 타깃은 항상 남자에게 리드 당하는 여성, 아무리 기다려도 프러포즈 안 하는 남친을 둔 여성, 바람피우는 남친을 둔 여성 등이다. '이대로는 안 되겠어.'라고 결심한 여성이 바로 필자의 공략 대상인 것이다. 끝까지 읽고 많은 것을 얻어 가기 바란다.

나이토 요시히토

| 차례 |

들어가는 말 8

제1장 '인기녀'가 되기 위한 의식 개혁!

'내가 최고!'라고 굳게 믿어라 14
자신의 '여성성'을 과소평가 중? 16
그이가 냉담하게 느껴지는 건 자신감 부족 때문! 18
요구를 분명히 하라 20
좋은 남자는 당신이 키우는 것이다 22
여자 나이 Up = 남자 등급 Down 24
남자 '품평회'는 연애가 아니다 26
COLUMN '부모님'이 권하시는 중매는 No 하라! 29

제2장 '사랑의 덫'을 놓아 그의 마음을 사로잡아라!

새침한 미녀보다 미소 띤 추녀가 되라 31
보고 싶다는 말, 먼저 하면 지는 거다 33
남자가 돈 내는 건 당연하지만, 당연한 얼굴은 금물이다 35
'폭탄'도 약으로 쓰는 앙큼함을 가져라 38
술 취한 척, 넌지시 호의를 표하라 40
프리터(free + arbeiter) 남친에겐 취직부터 권하라 41
주의! 영업직은 노는 데 익숙하다 43
그의 집에서 자더라도 세탁만은 하지 마라 45
COLUMN 바비 인형을 통해서 본 '미녀의 조건' 48

 **제3장 필독! 귀여운 악녀의 숨은 비법**

연애의 최강 비법은 감질 유발 작전　50
첫 섹스, 교제 후 2개월은 참게 하라　53
'실연 직후'를 강조, '기회'를 베풀어라　54
당신의 장난 섞인 제안에 그의 가슴은 두근거린다　56
특정 '제스처'를 반복하라!　58
'낚시'가 취미라면 이런 장점이 있다!　59
그의 옷을 빌려 입고 '귀여움'을 연출하라　61
매너 있는 인기녀, 식당 선택도 다르다　64
그로 하여금 돈과 노력을 아낌없이 쏟아붓게 하라　65
그가 바친 선물, 빈말이라도 '필요 없다'고 하자　67
COLUMN 관심 없는 남자, 영악하게 '견제'하기　70

 **제4장 남자를 기쁘게 만드는 여자가 되자**

남자는 '비교' 당하기 싫어한다　72
남자의 '약점'과 '결점'은 보고도 못 본 척하라　74
남자의 허풍은 너그럽게 받아 줘라　76
칭찬은 그이도 춤추게 한다　77
부탁을 받으면 일단은 OK 하라　80

남자의 기분을 섬세하게 챙겨라 82
남자는 사랑 없는 섹스도 OK다 83
섹스를 둘러싼 남녀의 입장차 85
COLUMN '구두 약속'은 조심 또 조심, 확인이 필요하다 87

제5장 남자를 내 맘대로 조종하는 연애 매너

그의 눈을 자극하라 89
패션의 테마는 '화사한 이미지'로 90
여자는 긴 생머리가 최고다! 92
향수로 얼을 빼라 94
남자는 '엉덩이 무거운 여자'를 싫어한다 96
'손가락'을 잘 놀려라 98
소파와 의자의 등받이는 '장식'일 뿐이다 100
남자를 유혹하려면 침대에 고개를 묻고 뒹굴어 보자 102
찜한 남자만 '차별 대우' 하라 104
노브래지어는 곤란하다 106
COLUMN 남자들 80%는 '아담한 여자'를 좋아한다 108

제6장 악녀의 러브어페어

안아 준다고 안기면 아마추어다 110

겉옷과 속옷, 엣지 있게 '벗겨지는' 테크닉   112
섹스의 주도권을 뺏어라   113
손가락을 잘 놀리면 그가 변한다   115
'입'은 흥분을 배가시킨다   117
기본을 튼실하게 – 정상위 테크닉   119
쾌감을 끌어올리려면 여성상위로 공격하라   121
섹스 요구, 3번에 한 번은 거절해야 짜릿한 법이다   123
COLUMN   섹스는 '염가 봉사' 품목이 아니다   127

제7장 연애의 재미를 키워 주는 일급비밀들

남자의 '친절'에는 꿍꿍이가 있다   129
궁금한 게 많아도 '실패자'에게 상담하면 안 된다   130
힘든 연애는 잠시 중단하라   132
바람을 피웠어도 고백하면 안 된다   134
그가 시들해지면 '가상의 라이벌'을 등장시켜라   136
접촉을 줄여 그의 '불안감'을 부채질하라   138
별 볼일 없는 남친을 미끼로 더 나은 남자를 끌어들여라   140
COLUMN   사랑 때문에 받은 상처에는 사랑이 약이다   143

저자 후기   145

귀여운 악녀가 남자를 리드한다

 '인기녀'가 되기 위한 의식 개혁!

'내가 최고!'라고 굳게 믿어라

인기녀가 되고 싶다면 상상을 초월할 만큼 '제 잘난 맛'에 취해 있어야 한다. '내가 최고!'라는 확신을 가져야 한다는 말씀! '내가 악녀 기질은 좀 있어도 귀엽잖아?'라고 스스로 최면을 걸자. 훨씬 매력적인 데다 남자를 조종하기도 쉬워질 것이다.

주제 파악 같은 건 잊어버려도 OK. '난 코 옆의 점이 문제야.'라거나 '광대뼈가 튀어나와 글렀다.' 같은 생각은 금물이다. 자신의 결점에 대해서는 깡그리 무시하고 오로지 좋은 점만 찾으면 된다.

'아무리 봐도 참 매력 덩어리야!'라고 생각하자. 스스로에게 호감을 느끼지 못한다면, 남자들이 하자는 대로 따를 수밖에 없다. 자신감이 없으니 '원하는 대로 다 들어주자!'라며 필요 이상으로 고분고분해지는 것이다. 그런데 이런 사실을 아는지? 남자들은 그런 여자들을 하찮게 대한다. 심심풀이 상대로 희롱이나 당하다가 결국 내동댕이쳐질 수 있다는 것이다.

바로 이런 이유 때문에, 무엇보다 자신을 최고라고 믿어야 한다. 거울을 향해 "넌 참 괜찮은 여자야~."라고 얘기하자.

한 번으로 부족하다면 100번이고 1,000번이고 스스로에게 암시를 주자. 이것이 출발점이다!

텍사스 건강 과학 대학의 교수이자 심리학자인 스콧 칼버절은 여중생 532명을 대상으로 '첫 경험 시기'를 2년간 조사했다. 그 결과, 자신감이 없는 여자아이일수록 첫 경험이 무려 23%나 빨랐음이 밝혀졌다.

왜? 자신감이 부족한 아이일수록 남자가 하자는 대로 따랐기 때문이다. 이런 여자아이들은 '섹스를 안 해 주면 안 되는 것 아닐까?' 또는 '날 싫어하게 될지도 몰라.' 따위의 불안감에 시달리게 된다. 그래서 너무도 쉽게 소중한 처녀성을 내주게 되는 것이다.

반면 자신을 특별하다고 생각하는 아이는(착각이라 할지라도) 남자들이 원한다고 그대로 해 줄 리가 없다. 당연히 섹스의 주도권도 함부로 넘겨주지 않는다. 몸을 바치지 않아도 남자의 마음을 휘어잡을 수 있다고 믿기 때문에 경솔하게 무너지지 않는 것이다.

코코 샤넬은 이런 명언을 남겼다. '행복의 문은 저절로 열리지 않는다. 스스로 열어젖히는 것이다.' 적어도 이 정도 자신감은 가져야 하지 않을까? 자신의 매력에 눈을 뜨고 나면, 행복을 쟁취하기 위해서는 남자 손이 아니라 모든 것을 내 의지대로 몰아가야겠다는 생각을 가질 수 있을 것이다.

필자는 이 책을 통해 남자를 내 손바닥 위에서 조종할 수 있는, 그야말로 다채로운 연애의 기술을 소개할 것이다. 그런데 그 전에 한 가지. '내가 최고'라는 생각이 없다면 이 책은 읽으나 마나다. 자신감이 없다면 여자로서의 매력을 제아무리 연출해 내도 만사가 허사. '잘난 척'이라도 좋다. 이것만은 명심하고 다음 장으로 넘어가 보자!

자신의 '여성성'을 과소평가 중?

이상하게도 여자들은 자신에게 후한 점수를 줄 줄 모른다. 실제로는 매력이 철철 넘치는데 얼마나 안타까운 일인가? 예를 들어 남자가 업무상 만난 여자에게 "대단한 미인이시네요. 대시하는 남자 많겠어요."라고 했다고 치자. 그저 솔직한 느낌을 전했을 뿐인데도, 이런 경우 대부분의 여자들은 당황하며 손사래를 치기 일쑤다. "말도 안 돼요. 저한테는 눈길도 안 주는 걸요!"라고 말한다. 여자들은 자신의 매력을 너무 과소평가하는 경향이 있다. 정말 난처한 노릇이다.

휴스턴 대학의 다운즈 교수가 여학생들에게 '자신의 외모에 점수 주기'라는 과제를 내준 적이 있다. 동시에 제3의 판정자에게도 그 여학생들의 사진을 보여 주고 마찬가지로 점수를 매기게 했다. 그러자 대

부분의 여학생은 자신에게 상당히 낮은 점수를 준다는 사실이 드러났다. 제3의 판정자보다 훨씬 짠 점수를 준 것이다.

이래서는 남자를 손바닥 위에서 어쩌고 하는 발칙한 생각은 어림도 없다. 자신감부터 찾아야 한다.

지금 자신의 '여성성'에 점수를 매긴다면 몇 점이나 될까? 만약 50점을 매겼다면 틀림없이 당신은 70점 또는 80점 정도는 된다. 남자들이 당신에게 주는 점수가 바로 그 점수다. 안 믿으면 손해다! 그러니까 스스로를 '괜찮은 여자'라고 생각해도 결코 착각이 아니란 말씀! 게다가 괜찮은 여자라는 착각이 없다면 다 잡은 사랑도 물 건너가 버릴 것이다. 외모가 풍기는 매력만큼은 대부분의 여자들이 가볍게 평균점을 넘길 거라고 본다. 그러니 과소평가는 이제 그만하자.

'내 수준에 맞는 남자를 고르자!' 라는 마음을 먹고도 결국 별 볼일 없는 남자를 택하는 이유는 한 가지. 자신의 매력을 제대로 알지 못해서다. '이 정도면 그럭저럭…….' 이라며 눈높이를 낮춰 버리는 것. 하지만 알고 보면 그 남자보다 당신이 훨씬 매력적이어서 몇 배나 나은 남자를 고를 수 있었다는 사실! 너무 안타깝지 않은가?

올드 도미니언 대학의 캐시 교수는 스스로를 '비만' 이라고 생각하는 여자가 55%나 되며, 똥배가 나왔다는 불만을 가진 여자가 57%, 거기다 얼굴이 못생겼다거나 가슴이 작다는 등 자기 비하에 시달리는 여자가 너무 많다고 지적했다.

뭐, 불만이 많은 건 어쩔 수 없다. 그래도 자신감만은 잃지 말기를. 아무리 강조해도 지나치지 않은 것이 자신감이니까!

그이가 냉담하게 느껴지는 건 자신감 부족 때문!

"어쩌면 좋을까요? 요즘 그이, 문자 답장도 쌀쌀맞고 연락도 먼저 하지 않아요. 남자들은 원래 사귀기 시작하면 금방 애정이 식어 버리는 걸까요?"

매달 적어도 다섯 권 이상의 잡지에 연애 상담을 하고 있는 필자는 이런 종류의 고민을 지겨울 정도로 듣는다. 기본적으로 남자가 여자보다 살갑지 않은 건 사실이지만, 전문가 입장에서 꿰뚫어 보자면 그건 상대가 쌀쌀맞아서 그런 것이 아니다. 당신의 자신감이 부족해서이다. 자신감이 있어서 거울을 향해 '예뻐, 멋져.'를 연발하며 흐뭇해하는 사람들은 이런 고민을 안 한다. 웬걸, 상대의 연락이 없으면 '브라보! 이번 주는 자유 시간~.'이라며 되레 환호를 올린다. 이게 바로, 그가 만나 주는 시간이 애정 온도와 비례하지는 않음을 아는 여자의 방식이다. 원래 스스로에게 자신감이 없어 불안해하는 여자일수록 그이와 함께하고 싶은 감정이 강렬한 법.

케이스 웨스턴 리저브 대학의 심리학자 바우마이스터 교수의 조사도 같은 결과를 보여 준다. '난 평범하고 매력이 없어.', '섹시함이 부족해.' 등등 한탄을 늘어놓는 여자일수록 집요할 만큼 그이 꽁무니를 쫓아다니려는 경향이 강했다.

그러니 만약 그이가 만나 주지 않는다는 불안감이 고개를 쳐들 땐, 먼저 '자기 수양'에 힘을 쏟는 게 좋겠다. 왜냐고? 자기를 다스려서 스스로 매력적이라는 생각이 들게만 된다면, 그가 데이트 신청을 안 한다고 해도 심리적으로 조바심 따위를 내지 않을 테니까. 마음에 여유가 생기면서, '뭐야? 자기가 뭐라도 되는 줄 아나 보지?' 혹은 '더 나은 남자 나타나기만 해봐. 넌 그날로 끝이다!'라며 유유히 상황을 즐길 수 있다는 얘기다. 당신이 이렇게 바뀌면 오히려 걱정은 그의 몫이 되어 당신을 졸졸 쫓아다닐지도 모르는 일.

불안감에 떠는 여자는 그 원인이 스스로의 자신감 부족이란 점을 깨닫지 못한 채, 상대의 애정이 식은 탓으로 돌리기 쉽다. 그래서 왜 안 만나 주냐, 내가 싫어진 거냐를 따지고 들기 십상이라, 결국 있던 정도 똑 떨어지게 만든다. 남자들 입장에서 보면 그런 여자, 성가시다. 남자한테서 싸한 냉기가 느껴진다면, 그에게 책임을 전가할 것이 아니라 전투력을 불사르며 이렇게 외쳐 보자.

"더 매력적으로 변신하겠어!"

"내가 얼마나 멋진지 두고 보시라고!"

요구를 분명히 하라

빙빙 돌려 답답하게 말하거나 필요 이상으로 완곡하게 얘기하는 여자를 남자는 성가시고 어려워한다. "그 영화 드디어 개봉한다네." 마치 혼잣말처럼 흘려 놓고는 남자가 같이 보러 가자고 얘기해 주기를 바라는 것. 속도 모르고 "그렇다네." 하는 한 마디로 대화의 흐름을 잘라먹는 그이 때문에 짜증 난다면, 생글거리는 얼굴로 이렇게 말해 보라. "그 영화 티켓 예매해 놔. 같이 가 줄게." 이 정도는 직접적으로 말해야 둔감한 남자도 알아차린다.

메릴랜드 대학의 고우 마리 교수는 원하는 것을 적극적으로 요구하는 여자가 남자에게 환영받는다는 연구 결과를 얻었다. 에둘러 주저하는 표현을 남자들은 싫어했던 것이다.

흔히 여자들은 하고 싶은 말을 가슴에 담아 둔 채 머뭇거리면서 그게 좋다고 생각한다. 하지만 심리학 데이터는 정반대의 결과를 말해 준다. 말하고 싶은 내용을 분명히 하는 여자는 도리어 호감을 산다. 그러니 망설이지 말고 당신 입맛대로 밀어붙여라. 뭘 해 달라는 건지 콕 집어 요구하면, 말을 걸며 접근하는 남자가 두 배는 늘 것이다.

단, 그럴 땐 농담조로 던지는 것이 성공의 비결! 남자는 여자의 '농담 섞인 명령'을 좋아한다. "영화 티켓 예매 안 해 두면 깨물어 버릴래.", "시간 안 내주면 스팸 문자 잔뜩 보낼 거야, 자기야." 정도의 애교를 듬뿍 끼얹자. 그래야 버릇없다는 소리 안 듣고 예쁨 받는다. 일방적인 요구는 아무래도 너무 강렬할 수 있으니 '농담'을 섞어 농도를 맞춰라. 그러면 위스키를 물로 희석시키는 효과가 날 것이다. 그것이 바로 농담의 힘이다.

여기서 하나 더! 이제부터가 중요하다. 자신의 요구가 성공을 거두지 못할지라도 크게 신경 쓰지 말 것. 다시 말해, 남자를 책망하지 말라는 얘기다.

기억하자. "여행 가자, 자기야. 안 그럼, 나 100명이랑 바람피울 거야~."라고 아무리 귀염을 떨어도 말처럼 쉽게 들어줄 수 없는 때도 있는 것이 당연지사 아닌가? 그러니 당신의 농담에 "그럼 난 500명이랑 바람피우지."라고 그이가 맞받아쳤다고 해도, 정색을 하고 달려들어선 안 된다. 싸움은 최악이다. 요구를 할 때는 '들어주면 좋고, 안 들어주면 할 수 없고.' 라는 생각을 깔아 두면 안전하다. 그래야 거절을 당하더라도 신경 쓸 일 없고 말다툼도 피할 수 있다.

"요즘 들어 데이트도 대충하고, 자기 왜 그래? 우리 어디라도 좀 가자!!" 같은 감정적인 요구 방식도 금물이다. 당신의 요구가 짐이 되어 버리니까.

결론은 사탕발림 즉 농담으로 포장하는 달콤한 테크닉이 필요하다는 것이다. 그래야 남자도 쓴맛을 못 느낀다는 말씀.

좋은 남자는 당신이 키우는 것이다

"쓸 만한 남자는 다 어디 간 걸까요?" 뭘 좀 안다는 얼굴로 이런 얘기를 하는 여자들. 한마디로 어리석은 생각이다. 쓸 만한 남자가 없으면 직접 키우면 된다.

자기 남자를 차근차근 교육시켜 근사하게 만들면 되지 않는가? 어려울 게 뭐람? 패션 센스가 엉망이라고? 데리고 다니면서 잘 입히면 된다. 너무 뚱뚱하다고? 조깅하면 쏙 빠진다. 이미 '괜찮은 남자'로 완성된 상대를 찾으려고 하니까 실패할 수밖에! 이런 남자 어디 없나~, 푸념을 늘어놓으며 술집에 죽치고 앉아 있는 것보다는 누구라도 좋으니

한 사람 잡아 두고 그 남자를 내 입맛대로 요리해 가는 재미도 쏠쏠하다고 본다.

미국의 사회학자 로렐 리처드슨은 "연애는 번개처럼 순식간에 들이치는 것이 아니다."라고 했다. '아무런 느낌도 없었는데 사귀고 보니 의외로 좋은 사람이었네.' 라고 느끼는 경우가 일반적이라는 것. 그러니까 우선 크게 기대하지 말고 가벼운 마음으로 남자부터 고르자. 지금은 비록 몸꽝이라도 당신의 노력 여하에 따라서 얼마든지 몸짱으로 변신시킬 수도 있다. 완벽남을 찾는 수고보다 훨씬 쉬운 일이다.

완성된 '완벽남' 을 찾기란 실로 어렵다. 보통 그런 남자에게는 이미 애인이나 아내가 있기 때문에 약탈해 오지 않는 한 가질 수 없고, 또 그러려면 너무 많은 에너지가 필요하다. 하지만 별 볼일 없어 보이는 남자, 평범한 남자는 세상에 널려 있다.

시대는 바야흐로 여자 하나에 남자 셋 꼴이다. 남자는 얼마든지 있다. 보통 남자를 골라서 내 취향대로 키우는 편이 훨씬 수월하다. 게다가 남자들이란 사랑하는 여자를 위해서라면 '별이라도 따 주겠다!' 라며 의지를 불태우는 족속이 아닌가. 그러니 당신이 무슨 말을 해도 순순히 예스맨이 되어 줄 것이며, 반년만 지나면 100% 당신 취향으로 변해 있을 것임이 틀림없다.

자, 당신이 영화광이라면 남자에게도 영화를 좋아하도록 '세뇌' 시켜

라. 당신이 귀여운 행동으로 그의 마음을 휘어잡고 있기만 하다면 그는 영화에 대해 맹렬히 파고들 것이다. 그럼 더 이상 영화광을 찾아 나설 이유가 없지 않은가?

그렇다. '이런 남자는 싫어.' 또는 '이것만은 양보 못 해.' 라고 아무리 버텨 봐야 멋진 연애는 그림의 떡일 뿐. 다소 결점은 있더라도 당분간은 참자. 그 남자의 결점만 없애면 모든 문제는 해결되니까!

여자 나이 Up = 남자 등급 Down

여기서 질문! 당신은 연애 경험을 많이 축적할수록 좋은 남자를 만날 가능성이 크다고 생각하는가? 혹시 엉뚱하게도 '돈 많은 남자를 만나기 전에는 내 인생에 결혼은 없다!' 라고 굳게 마음먹고 있는 건 아닌지. 애당초 완벽남을 기다리겠다는 자세부터가 잘못이다.

많은 여자가 30대를 넘기면 '에라 모르겠다.' 라는 심정으로 결혼을 결정한다. 아무튼 '기다리길 잘했지.' 라는 얘기는 들어 본 기억이 가물가물하니까. 하나같이 예전에 사귀던 사람이 훨씬 나았는데, 갈수록 남자 등급이 낮아지다가 '타협하는 선에서 마무리' 하는 전철을 밟은 사례다.

여자는 나이만 어려도 대접받는다. 왜? 남자들은 어린 여자를 좋아하기 때문이다. 하지만 그건 '나이' 때문에 대접받는 것이지 당신이 가진 '자질'에 반한 것은 아니다. 이 부분을 혼동한 나머지 '더 멋진 남자가 있을 거야. 우리 그만 헤어져.'라며 콧대 높게 이 사람 저 사람 차 버렸다가는 어느새 당신 나이도 훌쩍 늘어나 있을지 모른다.

그때부터 차이는 쪽은 오히려 당신. 결국 심리적으로 초조해지면서, 이럴 거였으면 그때 그이랑 헤어지는 게 아니었다며 온갖 후회를 하게 되는 법이다.

일이 이쯤 되면 자포자기하는 심정이 들기 쉬워서 그야말로 '시원찮은 남자'에게 걸릴 확률도 높아진다. 결혼 사기에 말려드는 여자들이 십중팔구 이런 패턴이다. 따라서 아직 어린 나이에 남자를 찜했다면 당신은 '그 남자를 키울' 방법에 대해 고민해야 한다. 불확실한 미래에 희망을 걸고 좋은 남자가 나타나기만을 기다릴 것이 아니라, 지금 당신 옆에 있는 그 남자를 자신의 기호대로 사육하는 것이 현명하다!

예를 들어 당신이 돈 많은 남자에게 시집가고 싶다면, 그이를 부추겨라. "독립해서 회사를 세워 봐." 또는 "당신은 기필코 성공할 인물이야."라고 용기를 불어넣은 다음, 어기차게 일을 시키면 된다. 그러다가 진짜 성공할 수도 있으니까.

완벽남을 찾겠다고 시간을 허비하면 남는 건 눈가 주름뿐이다. 어떤 책들은 '여자의 가치는 나이가 아닙니다.'라고 얘기하지만 뭐니 뭐니 해도 여자의 '젊음'은 강력한 힘을 발휘한다. 그런 고마운 무기는 쓸 수 있을 때 써 두는 것이 좋다. 따라서 나이 들기 전에 장래성이 엿보이는 남자를 찾아야 한다. 물론 다음 수순은 이 남자를 '어떻게 성공시킬까?', '어떻게 키울까?' 하는 것에 대한 고민이다. '더 나은 남자 없을까?' 하는 생각 따위는 떨쳐 버리는 것이 좋다.

솔직히 다른 남자에게 눈 돌리며 불확실성에 기대는 것보다 될성부른 떡잎을 쑥쑥 성장시키는 편이 훨씬 즐겁지 않을까? 정원 손질과 같은 이치다. '어머나 이렇게 많이 자랐네.' 라고 감동하면서 연일 발전하는 그이의 모습에 기뻐할 줄 아는 여자가 되어 보자. 당신이 아직 어리다면 그는 당신에게 빠져들 것이고, 그럼 당신은 취향대로 그를 변화시킬 수 있다. 얼굴이 마음에 안 든다면 성형인들 못 시킬까? 지식이 부족하다면 공부를 시킬 수도 있다.

당신에게 빠지게만 만든다면 터무니없는 부탁일지라도 그는 다 들어줄 것이다.

남자 '품평회' 는 연애가 아니다

친구끼리 모여서 연예인이 멋지네, 요즘 남자가 어쩌네 하는 '품평회' 를 여는 데 만족하는 여자들이 있다. 하지만 공상의 나래를 펼치는 건 이해한다 해도 현실 세계로 못 돌아온다면 곤란한 노릇. 멋진 연애를 하고 싶다면 적극적으로 움직여야 하거늘 '품평회' 라는 공상의 세계에서 헤매다니 이 무슨 시간 낭비인가? 그것보다는 차라리 실연당한 여자가 낫지 않을까? 실패는 성공의 어머니니까!

미술품 컬렉터나 프로 야구 스카우터도 처음에는 위작이나 재목감이 못 되는 선수를 높게 평가하는 실수를 저지른다. 하지만 수많은 경험을 쌓아 가는 동안에 진품을 구별하는 눈이 단련되는 법이다. 연애도 같은 원리. 처음에는 아무짝에도 쓸모없는 남자들만 만나면서 '지지리도 남자 운 없는 박복한 내 팔자'를 한탄할 수도 있다. 그렇다고 첫술에 배부르랴? 연애의 시작과 동시에 괜찮은 남자를 만난다는 것은 무척 어려운 일이다. 그뿐인가? 연애 경험이 전무하다면 천운으로 진품명품을 만난다 해도 연애다운 연애도 못 해보고 말짱 도루묵으로 끝날 수도 있을 터.

미국의 심리학자 라델과 원델라는 '천생연분을 만나기까지 몇 명을 거치는가?'에 대한 조사를 한 적이 있다. 결과는 '6명'. 즉, 적어도 6명 정도는 데이트해 봐야 자신의 이상형을 만날 수 있다는 얘기다. 따라서 한 살이라도 어릴 때 마음껏 만나자. 여자들끼리 아무리 수다를 떨어 봐야 남는 거 없다.

연애 경험이 전혀 없으면서 남자를 영악하게 다룰 수 있는 여자는 이 세상 어디에도 없다. 쓰디쓴 실연이라도 제대로 맛본 여성만이 비로소 남자 다루는 법을 체득할 수 있다. '옳거니! 만나자마자 섹스로 직행하면 금방 버림받는 거구나.' 이런 교훈은 실제로 체험하지 않고는 알 길이 없다.

　물론 연애에 온 힘을 쏟는다고 해서 반드시 남자를 얻는다고 장담할 수는 없다. 초원의 사자도 모든 사냥감을 차지할 수는 없는 법. 사자는 전력 질주 시간이 3분밖에 안 되기 때문에 그 시간 안에 못 잡으면 포기해 버린다. 그렇다고 처음부터 포기할 마음으로 사냥감을 쫓는 것이냐? 쫓는 그 순간만큼은 무아지경이다. 당신은 그만큼 전력 질주하는가? 어딘가 빈틈이 숭숭 뚫린 연애를 하고 있지는 않은지 반성해 보자.

　요즘 여자들은 친구끼리 '품평회'를 열기 좋아하는데, 품평회만 열고 만족하는 이들도 눈에 띈다. 그래서는 결코 남자 다루는 법을 익히지 못한다는 사실. 명심해 두자!

COLUMN

'부모님'이 권하는 중매는 No 하라

 우리 사회에는 아직도 중매라는 풍습이 있다. 결혼 정보 회사가 성업 중이라지만 중매가 자취를 감춘 것은 아니다. 필자는 중매가 그리 나쁜 시스템이라고 보지 않는다. 다만, 한 가지 충고를 하자면 '부모님'이 권하는 중매만큼은 OK 해서는 안 된다는 점이다.

예를 들어 같은 회사 상사나 거래처 사람이 중매를 서겠다면 당신이 '훌륭한 신붓감'으로 평가받는다는 증거이기에 실제로 만나 보는 것도 나쁘지는 않겠다. 냉정한 제삼자의 눈으로 봐서 '찰떡궁합'이다 싶으면 들어맞는 경우도 적지 않으니까. 따라서 바로 거절하지 말고 "그냥 만나 보기만 할게요." 정도로 시험 삼아 나가도 괜찮다. 밑져야 본전이니까.

하지만, 부모님이 제시하는 중매 자리라면 Oh no~. 이건 골치 아프다. 그러니 생각할 것도 없이 거절하는 편이 상책이다. 왜냐고? 부모들이 제 자식을 보는 눈은 대단히 부정확하기 때문이다. 부모님께 당신은 세상 어떤 여자에게도 꿀릴 것 없는 '최고의 규수'다. 심지어 부모님은 당신이 아직껏 처녀라고 생각하고 있을지도 모른다! 그만큼 자식에 대한 평가란 것이 현실과는 동떨어져 있다는 의미다.

그런 부모님이 추천하는 자리가 과연 믿을 만한 곳일까? 무릇 부모님은 자식을 하루빨리 짝 지우고 싶어 하는 법이어서 상대에 대해 자세히 알아보지도 않는다. 회사 상사나 거래처 사람들은 비교적 예리한 눈으로 합격 여부를 고민한 후 중매 얘기를 꺼내는 데 비해, 부모님의 중매 자리는 어딘지 무책임한 데가 있다.

부모님이 중매 얘기를 꺼내거든 이렇게 답하라. "고마운 말씀이지만 걱정하지 마세요. 저 사귀는 사람 있어요." 감사를 표하는 동시에 부모님 걱정을 헤아리는 효과적인 전략으로, 하기 싫은 중매를 피할 수 있다.

물론 부모님의 중매가 100% 나쁜 것만은 아니다. 개중에는 뜻밖의 횡재를 누려 평생의 반려자를 얻기도 한다. 그래도 기본적인 전략은 부드러운 No가 좋지 않을까?

귀여운 악녀가 남자를 리드한다

 # '사랑의 덫'을 놓아
그의 마음을 사로잡아라!

새침한 미녀보다 미소 띤 추녀가 되라

미안한 얘기지만 아마 이 책을 읽는 독자들 대부분은 뛰어난 미모의 소유자는 아닐 것이다. 얼굴만으로 점수를 매기자면 후하게 쳐서 평균, 엄격하게 따지고 들자면 평균에도 못 미치는 분들이 대다수가 아닐까?(거듭 죄송) 하지만 걱정하지 마시라. 남자들이란 '새침데기 미녀'보다 '미소가 아름다운 추녀' 쪽으로 마음이 훨씬 기우는 법이니까. 저런! 의심스럽다고? 그렇다면 한번 들어 보시라.

누군가가 인기녀의 특징을 '똑똑하게, 참하게, 밝게'라고 표현했다. '똑똑하게'란 상식을 갖춘 어느 정도의 지성을, '참하게'란 함초롬한 자태를, '밝게'란 두말할 필요 없이 웃는 얼굴이라는 뜻이다. 이 세 가지만 갖춘다면 타고난 얼굴은 결코 문제되지 않는다.

여자들은 일명 '텐프로'라고 하면 하나같이 연예인 뺨치는 미녀일 거라고 생각한다. 물론 그런 미모들도 상당수 있지만 반드시 그런 것

은 아니다. 냉정하게 평가하자면 그만그만한 평범한 얼굴이랄까? 영화배우나 모델 뺨치는 미인을 기대했던 남자들이 보기엔 '어라, 기대 이하네.' 라는 생각을 하기에 딱 좋다고 할 수 있다. 그런데 이상하게도 그녀들은 남자의 마음을 단숨에 사로잡는다. 그녀들은 언제나 말갛게 웃어 주기 때문에 남자 손님들이 거기서 에너지를 얻는 것이다.

아무리 평범한 외모의 소유자라도 얼굴 가득 스마일 마크를 그리며 웃어 준다면 남자들은 자연스레 '에너지' 를 되찾는다. 밤 문화만 그런 것이 아니다. 대개 무리 중 제일 인기 있는 여자는 스킨십보다는 미소에 능하다. 새침한 미녀들은 자신을 과대평가하는 경향이 있다. 아무리 빼어난 미모를 가졌어도 얼굴을 내세워 도도하게 구는 여자를 남자들은 참아 내지 못하는 법이다.

조지아 주립대학의 댑스 교수에 의하면 평범한 남자들은 굳이 미인을 찾으려 애쓰지 않는다.

댑스 교수는 미녀와 평범녀에게 나란히 길을 걷게 하는 실험을 한 결과, 길 가는 남성들이 평범녀에게 말을 걸거나 데이트 신청을 한다는 결론을 얻었다. 이 조사에는 남성 470명이 동원되었는데 예상을 뒤집고 미녀에게 접근한 남자는 단 한 명도 없었다. 남자들이 미녀를 피했다니 놀랍지 않은가?

아무리 예뻐도 그것만 가지고는 남자들의 사랑을 받을 수 없다. 상냥한 미소야말로 엄청난 파워를 발휘하는 법. 그러니 미소가 아름다운 여자가 되자. 콧대만 높은 여자는 절대 사랑받지 못한다는 사실을 명심하길.

보고 싶다는 말, 먼저 하면 지는 거다

연애의 핵심은 남자의 마음을 휘어잡는 것. 그 원리는 생각보다 간단하다. 요컨대 보고 싶다는 말을 절대 먼저 안 하는 이름 하여 '애태우기 작전'!

교제 초기라면 얼굴만 봐도 신선하고 매일같이 만나고 싶은 게 당연지사다. 남자라고 다를까? 문제는 당신이 그 마음을 '꾹!' 참고 숨길 수 있는지 여부다. 바로 이 작업을 잘 수행하느냐 마느냐에 따라 그가 끌

려오느냐 당신이 끌려가느냐가 판가름 난다는 말씀. 당신이 먼저 "보고 싶어~."라고 내뱉으면 게임은 끝이다.

　세상 모든 일이 다 그렇듯, 부탁하는 입장은 어디까지나 약자다. 한 번 두 번 만나기를 청하다 보면, 어느새 그에게 만나 달라며 애걸복걸하게 되는 건 시간문제다. 그렇게 되면 '쉬운 여자'라는 딱지가 붙은 채 연애의 '승부'가 단숨에 결정되고 만다. 따라서 데이트 신청은 '남자 쪽'에서 하게 만들자. 단, 손쉬운 'OK'는 게임을 재미없게 만드는 지름길이다. 20초가량 끌어 주는 센스를 발휘하자. "음~, 잠깐만. 스케줄 좀 볼게……. 그래, 괜찮겠다."

　대단한 일정이 없더라도 수첩을 뚫어지게 보거나 휴대 전화 일정표를 확인하는, 일종의 '할리우드 액션'으로 상대를 애타게 만들자. "그 남자는 내가 먼저 만나자고 하기 전엔 데이트 신청도 안 해요." 이런 문제로 고민하게 만든다면 단언컨대 그는 당신을 사랑하지 않는다. 결론은 단순하다. 사랑한다면 더 자주 만나자고 당신을 귀찮게 할 수밖에 없다는 것이다. 따라서 데이트 신청도 안 하는 남자라면 일찌감치 단념하기를 권한다. 남자 휘어잡겠다고 덤비다가 거꾸로 당신이 잡혀 버리기 싫다면 말이다.

　아까도 말했지만 데이트 신청에 OK 할 때도 단번에 예스 카드를 내줘선 안 된다. "당신과 함께라면 지구 어디라도 좋아요."가 아니라 "또 영화? 글쎄, 어떻게 할까?" 하고 약을 올리라는 말씀이다. 그로 하여금 혹시 거절당하는 건 아닌지 가슴 조마조마한 시간을 느끼게 하라는 것이다. 넉넉잡아 5초면 된다. 뜸을 들인 다음에 받아 줘라. 그 리듬만 잘 살리면 그는 몇 배나 큰 기쁨을 맛볼 것이다.

남자란, 여자가 너무 쉽게 만나 주면 연애 감정이 고조되지 않는 족속들이다. 그렇기 때문에 '이번에도 성공이다, 야호!' 라는 느낌이 들도록 잘 다룰 필요가 있다.

그러려면 데이트 전날 또는 당일에 갑자기 약속을 펑크 내 버리는 것도 가끔은 약발이 먹힌다. 방법이 고민이라고? 감기 핑계라면 사시사철 써먹을 수 있다. 데이트 직전에 바람을 맞혀 만날 기회를 의식적으로 줄이면 보고 싶다는 감정을 농축시킬 수 있다. '혹시 딴 남자가 생겼나?' 라는 불안감을 일으킬 수도 있으니 흥미도 배가될 터.

두말할 필요 없이, 다음번에 만날 땐 그의 어리광도 충분히 받아 주고 달콤한 칭찬도 잊지 말아야 한다. '착하다. 예쁘다.' 가 아이 키울 때만 필요한 말은 아니니까!

남자가 돈 내는 건 당연하지만, 당연한 얼굴은 금물이다

계산할 때만 되면 어디론가 바람과 함께 사라지는 여자들. 주로 이런 대사를 남긴다. "그럼 난 밖에 나가 있을게." 데이트 비용은 남자가 내

는 거라고 생각하는 것이다. 뭐, 남자가 지갑을 여는 것까지는 좋다고 치자. 그래도 돈 내는 시늉 정도는 하는 것이 도리가 아닐까?

지갑을 꺼낸 뒤 앙증맞게 양손을 모으고 들고 있어 보라. 그 모습은 영락없이 해바라기 씨를 감싸 쥔, 귀여운 한 마리의 햄스터! 반짝이는 눈망울로 더없이 사랑스러운 표정을 지으면서 "얼마?"라고 애교 섞인 목소리로 물어 주면, 이보다 귀여운 여인이 어디 있을까? 이런 당신을 눈앞에 두고 "어 그래? 그럼 더치페이 하는 거다."라고 할 남자는 없다!(장담할 일은 아니지만) 이렇게 계산이 끝나면 "너무너무 맛있었어."라거나 "미안해서 어떡해?" 정도의 인사를 던져 주자.

남자들이란, 기본적으로 어리석은 존재들이라 고맙다는 인사말을 듣기만 해도 진심으로 기뻐한다. 이 작전은 미팅 때도 적용된다. 물론,

돈을 낼 것 같은 제스처는 취하는 것이 매너다. 얻어먹는 게 당연하다는 얼굴은 금물!

그러니 "여자들은 돈 안 내도 돼요."라거나 "남자들은 6만 원, 여자들은 만 원씩."이란 말이 나오면, "그래도 되는 거야?"라고 마음에 없는 공치사라도 해 주자. 그런 다음 바로 "고마워요~."라고 인사하면 상황을 깔끔하게 정리할 수 있다. "너무 재미있었어요. 더치페이 해도 되는데……." 등등 남성들을 즐겁게 해 줄 만한 립 서비스도 '좋은 여자'로 각인시키는 비결이다. 물론 카페에서 마신 커피 값 정도는 직접 내는 것도 나쁘지 않다. 흔쾌히 베풀자. 커피 정도는 둘이 마셔 봐야 고작 만 원대. 내가 산다고 분명히 짚어 두면 선물을 받아 낼 때도 효과를 발휘할 것이다.

솔직히 말해 여자가 남친을 위해 돈을 쓸 곳은 한두 군데가 아니다. 자신을 꾸미는 데 드는 투자가 필수적이기 때문이다. 따라서 남자가 데이트 비용을 부담하는 것은 당연한 일이다. 당신이 멋진 여자가 되면 그이도 당당해지는 법. 사실 남자들도 그 정도는 알고 있다. 그래서 기꺼이 돈을 내줄 준비가 되어 있는 것이다.

그렇지만 '매너'를 갖춘 여성을 연출하고 싶다면, 안 내더라도 '내는 척'은 해 주는 것이 필수라는 점, 잊지 말고 실천하자!

'폭탄'도 약으로 쓰는 앙큼함을 가져라

여자의 직감은 놀라울 정도로 정확해서 대개는 첫인상만 봐도 이 남자가 내 남자인지 아닌지를 바로 알 수 있다. 미팅을 나가도 단 5분이면 '나름 킹카'와 '폭탄!' 정도의 판단은 그 자리에서 내릴 수 있지 않은가? 여기서 의외의 충고 하나! '폭탄'에게도 웬만하면 상냥함을 잃지 않도록 하자.

깡그리 무시로 일관하지 말고, 당신의 마음이 '묻고 싶은 것도 없다.'라고 말하더라도 질문 정도는 던져 주라는 것. 일, 가정, 하다못해 옛날 애인 얘기라도 좋으니 뭔가 물어보고 흥미롭게 들어주라는 말씀이다. 시간과 노력 낭비라고? 천만의 말씀. 바로 여기서 사고의 전환이 필요하다.

시시한 남자가 눈앞에 있을 때는 '애교 떨기 연습 시간'이라고 생각하라. 이상형에게 애교 부리기라면 누군들 못할까? 하지만 보기 싫은 이를 상대로도 이 작업이 가능해지려면 특별 훈련이 필요하다. 바로 그 기회라 여기고, 싫은 사람에게도 사랑받는 연습을 하라는 말씀이다. 참을성을 가지고 훈련하다 보면, 진짜 파트너를 만났을 때도 기존의 차원을 뛰어넘는 훌륭한 대화를 할 수 있을 테니까.

그도 그럴 것이, '폭탄'과도 원만한 대화를 이어 간 악녀가 어떻게 '킹카' 앞에서 더듬거릴 수가 있겠는가. 그러니 거부하고 싶은 남자가 눈앞에 있을 땐 '말하기 특훈' 이라는 각오를 다지기 바란다. 그렇게 연습을 쌓다 보면 '남자의 가려운 곳' 을 읽는 데 익숙해질 것이다. 맞장구치기, 질문 끌어내기, 적절한 타이밍에 미소 띠기 등의 비결은 훈련이 필요한 고난도의 작업이다. 아무리 싫어도 상대는 남자다. 기꺼이 연습 무대로 활용하는 게 마땅하다. 마음에 드는 남자만 상대하려 들면 모처럼의 연습 기회도 놓치게 된다.

스포츠라고 생각하자. 달랑 하루 연습한 선수와 매일같이 실력을 갈고닦은 선수가 맞대결한다면 결과는 안 봐도 훤하다. 하물며 연애인들 다를 이유가 없다. 남자를 상대로 얼마나 연습을 쌓느냐가 핵심이다.

자고로 인기녀는 어떤 상대와도 수려한 대화가 가능하다. 인기녀는 싫은 사람, 좋은 사람을 따지지 않는다. 그래서 자기도 모르는 사이에 어떻게 하면 남자들이 좋아할지를 체득하게 되는 것이다. 남자 취향이 확실한 건 장점이지만 자신의 취향만 줄기차게 강조하는 것은 리허설 없이 무대에 서는 가수나 마찬가지다. 눈에 거슬려도, 말을 걸고 고개를 끄덕여라.

오스트리아의 심리학자이자 대학교수인 아센스태드에 따르면, 대화 시간 20분 동안 고개를 끄덕이며 이야기를 들어주는 여자는 그렇지 않은 여자에 비해 '여자답다' 라는 평가를 17.6%나 높게 받았다.

참고로 남자를 자주 격려하는 여자의 경우, '여자다움' 에 대한 평가가 16% 높았다.

능수능란한 대화법만으로도 여성스러움을 풍길 수 있는 이유가 바로 여기에 있다.

술 취한 척, 넌지시 호의를 표하라

일반적 시나리오대로라면 연애란 남자의 쑥스러운 고백으로부터 시작된다. 여자가 먼저 사귀자고 하기는 좀처럼 어려우니까 말이다. 하지만 최근에는 그 고백 하나 제대로 못하는 '찌질남'이 적지 않은 것이 사실. 덕분에 여자들도 티 내지 않고 자신의 호의를 전할 필요가 생기고 말았다.

이럴 땐 역시 고전적 방법이 가장 효과적일 터. 술에 취한 척, 우연을 가장해 내 맘을 전하는 작전을 펼쳐 보자. 단, 무심코 뱉은 것처럼 자연스럽게 연출할 것! 사전 준비는 간단하다. "난 술만 취하면 속마음을 털어놔서 탈이야." 하면서 시작부터 포석을 깔기만 하면 된다. 몇 잔씩 오갔다 싶을 때, 눈동자를 촉촉하게 반짝이며 "당신, 참 괜찮은 남자 같아."라고 말해 보자.

이때 포인트는 턱을 괴고 아래로부터 올려다보는 앙증맞은 포즈! 머리는 살짝 그를 향해 기대려는 각도가 귀엽고 깜찍한 느낌을 주기에는 안성맞춤이다. "나 같은 타입 좋아하죠?" 또는 "지금 여친이랑 헤어지고 나랑 사귀어 볼까 생각하는 거죠?"라며 일방적으로 단정 짓는 말투도 신선한 자극을 준다.

어떻게 그런 말을 하냐고? 걱정 같은 건 잊어라. 당신은 지금 취해 있고, 상대는 그런 당신을 넓은 아량으로 받아 주고 있는 중이니까. 슬슬 상대도 장단을 맞추며 "어, 정말 사귀어 볼까요?" 정도로 나와 주겠지(그런 말 안 하는 남자라면 애당초 가망 없음).

내친김에 상대에게 슬쩍 안겨 본들 절대 매몰차게 내치지는 않을 것이다. 심하게 취했다는 면죄부만 있다면 어떤 말을 입 밖에 내더라도, 심지어 품속으로 돌진한다 하더라도 대개는 용서받을 수 있다. 이렇게 술의 힘을 빌려 핑크빛 속마음을 드러냈다면, 그때부터는 상대를 함락시키기도 누워서 떡 먹기.

그렇지만 여기서 잠깐! 내친김에 호텔로 직행하는 짓 따위는 자제하시길! 어디까지나 이 작전은 교제의 계기를 마련하는 데만 사용해야 한다. 벌써 그를 침대로 이끄는 짓은 스스로를 '싸구려'라고 까발리는 동시에 진지한 교제를 망치는 자폭 행위니까 말이다.

프리터(free+arbeiter) 남친에겐 취직부터 권하라

요즘 고교 3학년을 대상으로 진로 상담을 해보면 구직 희망자 중 대다수가 '프리터'를 희망 사항으로 꼽는다고 한다. 정규직으로 취직해 힘들게 일하기보다는 가벼운 마음으로 언제든지 그만둘 수 있는 프리터를 선호하는 학생이 많다는 것인데, 남녀를 불문하고 같은 경향이라고.

프리터의 특징 하나. 기본적으로 그들은 시간이 남아돈다. 따라서 남친이 프리터라면 다른 여자를 만날 가능성이 크다. 그런데 양다리를 걸치고 있어도 간파하기가 어렵다. 그도 그럴 것이 시간이 많으니까 딴 여자를 만나도 스케줄에 전혀 지장이 없는 것. 그래서 기본적으로 필자는 프리터 남친은 권하고 싶지 않다. 양다리 걸칠 공산이 상당히 높으니까.

한 가지 일에 진득하게 매진할 수 없다는 것을 심리학적으로 분석해 보면, 한 여자와 진중하게 계속 사귀기 어렵다는 말과 동급이다. "난 자유가 좋아. 한 가지 일에 속박당하고 싶지 않다고." 이런 주장의 이면에는 '나를 옭아매는 여자는 싫어. 책임감은 부담스럽고 결혼도 생각 없어.'라는 본심이 도사리고 있다. 하나를 보면 열을 안다고, 일을 대하는 자세를 보면 연애관은 물론 결혼관까지도 알 수가 있다. 그러니 남자가 프리터면 아무리 꽃미남이라도 피하는 것이 옳다. 진심으로 한 여자에게 올인할 가능성이 작을 테니까.

그런데 하필 당신이 끌리는 남자가 바로 그 프리터라면? "나를 사랑한다면 취직해 줘."라고 부탁하라. 이 부탁이 안 통한다면 당신을 향한 애정이 견고하지 않다고 판단해 후딱 정리해 버리면 되겠다.

자고로 남자는 일을 해야 한다. 당신의 목표는 영리한 악녀! 열심히 일해 벌어들인 돈을 통째로 당신 앞에 바치게 하려면 결론은 간단하지 않은가?

프리터의 특징 둘. 그들은 눈물이 날만치 곤궁하다. 그런 남자 만나서 인생에 덕 될 것이 무엇인가? 자본주의 사회를 살면서 돈의 가치를 무시할 셈은 아니라면 기억해 둬라. "사랑은 돈으로 살 수 없다."란 말은 궤변이고 억설이다! 그런 얘기가 통하는 건 중학생까지!

정리해 보자. 프리터는 돈이 없다. 양다리 걸칠 시간도 남아돈다. 결국 제대로 된 남자가 아니라는 말씀이다. 그럼에도 불구하고 '프리터라도 나한테는 최고!'라고 우긴다면 좋을 대로 하시라. 한 5년만 지나면 필자의 충고가 어떤 뜻인지 알게 될 것이다.

주의! 영업직은 노는 데 익숙하다

피하고 볼 남자 랭킹 2위는 영업직이다. 그들은 업무상 사람을 자주 만나기 때문에 노는 데는 익숙하다. 그래서 연애 스킬이 없는 여자들은 너무 쉽게 넘어가고 만다. 이 책은 '남자를 잘 속이는 법'에 초점을 맞추고 있으므로 그런 관점에서 보면 영업직 남자는 경계 대상이라 할 수 있다. 물론 영업직 남성이 죄다 요주의라는 것은 아니다. 어디까지나 확률의 문제니까.

　남자들 사이에서도 영업하는 남자들은 달변으로 통한다. 클럽 같은 데서 여자들을 능숙하게 다루는 이들은 대개 영업 사원. 그래서 같은 남자들끼리도 그들의 대화 방식, 화제 전환법을 참고삼는 일이 많은 것이다.

　영업이 무엇인가? 결국 말로 상대를 구워삶는 일 아니던가? 직업적으로 화술을 갈고닦은 남자들은 온갖 수려한 문장을 구사할 수 있다. 바람을 피우고 와서도 마음만 먹으면 세일즈 현장에서처럼 거침없이 변명을 늘어놓을 테니 순진한 여자들은 눈 깜짝할 사이에 속아 넘어가지 않을까? 화려한 언변에 유머 감각까지 뛰어나다 보니 같이 어울리면 분명히 즐거울 것이다. 교제라는 일차 목표까지 쉽게 골인할 수 있다는 의미에서는 '트레이닝'을 위해 사귀어 보는 것도 나쁘지 않을지 모른다.

　그렇다면 이번에는 정반대 의미에서 쉽게 교제할 수 있는 계통을 살펴볼까? 이를테면 기술 계통. 문과 쪽보다는 이과 계통 남자들, 특히 엔지니어들은 학생 때부터 이 여자, 저 여자를 경험할 기회가 그렇게 많지 않다. 영업 계통이 여자 다루기의 프로라면 엔지니어는 '새파란 초보'라고나 할까? 엔지니어는 여자에 대한 면역이 없는 탓에 지극히 순종적이고 고분고분해서 당신이 무슨 억지를 부려도 다 받아 준다.

그뿐인가? 엔지니어들은 대개 근본이 성실하기 때문에 연애를 해도 안심할 수 있다. 그들은 헤어스타일에도 무관심하고, 옷도 아무거나 입으며, 어울리지도 않는 안경을 쓰는 등 패션 센스는 제로에 가깝지만, 데리고 다니면서 꾸며 주면 금방 말쑥해진다. '내 맘대로 다루기'라는 측면에서 보면 남자 간에도 이렇게 차이가 난다는 말씀이다.

물론 노는 데 익숙한 남자를 택할지, 순진한 남자를 택할지의 선택은 당신 몫이다.

그의 집에서 자더라도 세탁만은 하지 마라

남자들은 자기 시중을 잘 들어주는 '누나' 같은 여자에 약하다.

이것저것 살펴 주고 아무리 어리광을 피워도 받아 주는 여자가 얼마나 편할까? 그래서 세상에는 '누님의 따스한 품'을 동경하는 남자들이 많다.

하지만 귀여운 악녀를 목표로 하는 당신이라면 분명하게 '선을 그을' 필요가 있다. 어느 정도의 응석은 허락하되 습관이 되게 해서는 뒷감당이 어렵다는 말씀! 바로 이 점이 포인트다! 예컨대 그가 빨아 놓은 옷을 갠다거나 찻잔을 치우는 일도 가끔이라면 괜찮겠지만 당연한 일이 돼서는 대단히 곤란하다. 그가 부탁하더라도 "나한테 기대지 마세요."라고 따끔하게 일침을 가하자. 빨래나 청소를 자꾸 해 주면 '누나'

를 넘어 '엄마'로 취급하는 것이 남자다.

미국의 정신분석학자 스트링은 결혼 후 양말이나 속옷을 빨아 주는 관계가 되면 남자에게는 아내가 '엄마'로 보이기 시작한다는 분석을 한 바 있다. 아내와의 섹스가 왠지 엄마와의 섹스를 연상시켜서 싫다는 남자도 그래서 많은 것이다!

스트링은 기혼자를 대상으로 분석했지만, 결혼 전의 커플이라고 예외가 될 수 있을까? 너무 바지런하게 뒤치다꺼리하다 보면 어느 틈엔가 '엄마'한테 졸라야 마땅한 일이 당신 몫으로 돌아올 수도 있다. 섹스마저 줄어든다면 더 이상 무슨 말이 필요한가? 따라서 그의 방에서 밤을 보낸 후 '뭔가 해 줄 일 없나? 안 그러면 미안해……'라는 생각이 든다면 그 사고방식은 뜯어고쳐야 한다.

당신은 잘 데가 없어 신세 진 손님이 아니며 당신이 그 방에 가 주는 것만으로도 상대는 감격해야 마땅하다. 그 이상의 쓸데없는 짓은 안 해도 된다는 점을 명심하자.

남자는 기본적으로 '공주'에게 눈길을 주지, '하녀'에게는 관심이 없다. 청소, 세탁, 요리는 아주 가끔 해 주는 것이 효과적. 매번 해 주면 당신은 하녀 신세로 전락하고 말 것이다.

물론 그렇다고 '청소 싫어. 빨래 못 해.'로 일관하지는 말 것. 귀엽다 기보다 '결혼했다간 큰일 나겠다.'라는 느낌만 줄 수도 있으니까. 어디 까지나 "난 청소, 빨래 다 좋아하지만 자기 방이니까 자기가 치우세요."라고 명령하는 것으로 충분하다.

사귀는 동안에 이런 식으로 '부리는 법'을 익혀 두면 결혼 후에도 가사를 혼자서 모조리 떠맡을 필요가 없겠지? 당신은 이미 남편 컨트롤 법을 마스터한 상태일 테니까.

/ COLUMN /

바비 인형을 통해서 본 '미녀의 조건'

바비 인형은 두말할 나위 없이 소녀들에게 최고의 선물. 그런데 바비의 제작 과정을 보면 상당 부분 '남자들의 시선'을 의식하고 있음을 알 수 있다. '남자를 자극하는 스타일'이 충실히 반영되어 있기 때문이다. 바로 이 점에 주목, '바비 인형을 통해 미녀의 조건을 분석'한 사람이 있다. 주인공은 미국 페어몬트 주립대학의 앨버트 매그로우 박사.

그는 바비 인형이 매력적인 이유를 해부학적으로 분석하고 싶었다. 필자가 보기엔 약간 독특한 집착인 듯도 한데, 어쨌든 박사의 결론은 이랬다. 바비 인형을 분석한 결과, 미녀는 '눈이 크다', '쭉 뻗은 각선미를 자랑한다(O자 다리는 자격 상실)', '무릎 아래가 길쭉하다', '치아가 예쁘다', '발목이 날씬하다', '다리가 대단히 길다', '목도 아주 길다', '이마의 헤어라인이 둥글다', '이마가 넓다', '계란형 얼굴이다', '손이 아담하다'라고 한다.

매그로우 박사에 따르면, 이 같은 특징들은 인류가 진화의 과정에서 획득해 온 성질이란다. 원시인에 가까울수록 다리가 짧고, 목도 짧은 원숭이형이고, 따라서 그런 스타일은 미녀라 부를 수 없는 것이라고 단언했다. 아하! 미녀의 의미는 '진화한 인간'이었던 것인가!

참고로 미래의 인류는 음식을 잘 씹지 않아 턱은 홀쭉해지고 머리통은 커지는 방향으로 진화할 것이라는 게 전문가들의 예상이다. 매그로우 박사의 분석을 빌려 종합해 보면 앞으로 100년 후, 200년 후에는 영화 속 외계인 같은 스타일이 각광받을지도 모른다. 팔다리가 몹시 가늘고 머리만 큰 여자.

그다지 유쾌한 상상은 아니지만 남자들이 '진화한 여자'를 좋아한다니 미래 어느 날에는 그런 장면이 펼쳐질지도 모를 일이다.

귀여운 악녀가 남자를 리드한다

필독! 귀여운 악녀의 숨은 비법

연애의 최강 비법은 감질 유발 작전

마리오네트를 조종하듯 남자를 마음대로 휘두르고 싶다면 '착한 여자가 되겠다.'라는 마음부터 버려라. '인기녀=착한 여자'라는 등식은 성립하지 않는다. 그뿐인가? 착하다고 그의 마음이 요동치거나 흥분하지는 않는다. 그럼 이쯤에서 각자 '착한 여자 증후군'에 빠져 있는지 체크해 보자.

당신은 한 남자에게만 헌신하며, 그를 진심으로 사랑해야 한다는 생각에 사로잡혀 있는가? 그를 위해 맛난 요리를 만들고 원할 땐 언제라도 예스로 답해야 한다고 생각하는가? 만약 이런 착각 속에 헤매고 있다면, 그 착각들은 당장 휴지통에 처넣기를 강력히 주장한다! 오히려 애정 표현을 줄이고, 데이트 신청도 튕기며, 프렌치키스는 허락해도 딥키스는 안 해 주는 작전을 펼치는 편이 좋은 결과를 얻는 지름길이다. 쉽게 말해 군침만 흘리게 하는 '나중에, 다음에' 작전이 주효한다는 말씀이다. 아시다시피 애완견을 훈련시킬 때는 개에게 먹이를 바로 주지 않는다. 애를 태워 가며 '조금 있다가, 나중에'를 연발하는 것이 상식 아닌가? 주인님이 시키는 대로 말을 잘 들으면 그때 가서 '칭찬'으로 먹이를 던져 주는 것이다. 남자를 훈련시킬 때도 100% 같은 원리가 적용된다.

 남자가 하는 말에 무조건 예스만 외쳐선 안 된다. 오히려 사사건건 약간의 거부를 표하라. 그가 어깨를 감싸려 할 때, '착한' 여자라면 하자는 대로 몸을 맡길 게 분명하지만 악녀들은 아주 살짝 팔을 뿌리치는 느낌으로 거부~. 너무 치대지 못하게 하려는 것이다. 그는 '어, 거절당했네……'라는 생각과 함께 일순간 불안을 느끼게 된다. 하지만 바로 잠시 뒤, 손가락 하나 또는 두 개만을 꼭 쥐여 준다. 즉, 팔을 둘러 안기기는 싫지만 손잡는 것까지는 허락하겠다는 어필을 하라는 말이다.

그가 하는 말과 행동을 그대로 다 안 받아 줘도 하늘은 무너지지 않는다. 뭐든 다 받아 줄 정도로 '착할' 필요는 없는 것이다.

이거야말로 그의 애정을 끓어오르게 하는 데 절대 필요한 지식이니, 반드시 기억하라!

그가 키스를 하려 들 때도 그렇다. 너무 쉽게 응하면 남자의 심리상 기쁘기는 하겠지만, 반면 마음속 어딘가에선 '뭐야? 너무 쉽잖아?' 하고 생각할 것이다.

따라서 가볍게 고개를 돌려 키스를 거부하되 방긋 웃어 주며 그의 뺨에 쪽 하고 뽀뽀를 해 주어라. 남자를 휘어잡는 최강의 작전은 '감질 유발'과 '다음에'를 외치는 것이다.

텍사스 A&M 대학에서 심리학을 연구하는 뮬렌하드 박사는 남자가 진한 스킨십을 요구해 올 때 과하지 않은 거부 의사를 표함으로써 약을 올려야 '쉬운 여자로 안 본다', '안달 나게 해서 남자의 시선을 끌 수 있다', '상대의 마음을 컨트롤할 수 있다', '연애의 주도권을 쥘 수 있다', '상대의 애정이 확실해진다' 라는 효과를 거둔다는 사실을 확인했다.

이렇게 큰 효과가 있다는데 어떻게 흘려들을 수 있을까? 지금 바로 행동으로 옮기는 실천력을 발휘해 보자.

첫 섹스, 교제 후 2개월은 참게 하라

사귀기 시작하면 적어도 처음 두 달은 섹스를 참게 하자. 요즘은 어쩌다 눈 맞은 남녀도 이래저래 교제로까지 이어져 커플로 맺어지는 경우가 많다지만, 필자가 보기엔 백해무익하다.

입 아프게 강조하건대 남자를 다루는 비결은 '약 올리기'다. 바로 그 법칙에 따를 때, 만나자마자 침대로 직행하는 여자는 남자들이 좋아하는 '조신한 숙녀 이미지'와는 한참 멀다는 것을 기억하도록.

힌두교에는 남자의 마음을 단단히 휘어잡는 내용의 성애경전이 있다. 《카마수트라(Kamasutra)》가 바로 그것인데 이 책에는 여자가 사용해야 할 테크닉으로 다음 항목을 들고 있다.

'스스로 몸을 바치지 말 것'

'남자가 키스하려 들어도 가볍게 반항할 것'

'남자가 성관계를 바라더라도 나름 반항할 것'

카마수트라에는 '주저 말고 남자와 섹스하라.' 따위의 충고는 눈을 씻고 봐도 없다. 그래 봐야 남자의 마음만 떠나기 때문이 아닐까? 쉽게 가진 잠자리는 상대를 질리게 할 리스크가 높다. 그렇다고 섹스리스를 권하는 건 아니다. '적어도 두 달은 사귄 다음에' 해도 늦지 않는다는 말이다. 2개월이 지나면 충분히 '숙녀' 이미지는 전달될 터. 절대 '쉽게 쓰러지는 여자'라고는 생각지 않을 것이다. 즐기려면 그때 가서 마음 놓고 즐겨라.

미국에서 232쌍의 커플을 조사했더니 육체 관계를 맺는 시점이 대략 사귄 지 두 달 후였다고 한다(참고로 처녀의 경우 평균 6개월). 우리도 두 달을 기준으로 보면 무방하지 않을까? 순수한 이미지를 주고 싶다면 6개월쯤 보류시키는 작전도 나쁘지 않겠지?

남자란 수단과 방법을 가리지 않고 만리장성을 쌓고 싶어 하는 짐승이라는 것을 명심하자. 그렇다고 그 수에 넘어가서야 악녀 체면이 말이 아니다! "사랑한다면 안게 해 줘!"라는 말을 특히 경계하라. "진심으로 사랑한다면 한 달만 참아."라고 받아치자.

'실연 직후'를 강조, '기회'를 베풀어라

남자들은 '방금 실연'한 여자를 보면 어떻게든 구워삶으려 한다. 이유는 간단하다. 실연했다는 것은 골키퍼가 집에 갔다는 얘기니까. 성가실 게 없지 않은가? 심지어 남자들은 이런 경우, '찬스다!'라고 굳게 믿는 구석이 있어서 끈질기게 따라붙는다. 그러니 설사 전 남친과 결별한 후 몇 년이 흘렀어도 두 달 전에 헤어졌다고 말하라.

실연을 가장한다는 것은 '옛다! 어디 대시 한번 해보렴.' 하는 사인이다. 만약 이렇게 밥상까지 차려 줬는데도 접근할 의사가 없다면 아쉽지만 그 남자는 당신한테 관심이 없단 뜻이다.

여기서 주의 사항 하나! "남친 없는 지 몇 년 된다."라는 소리는 절대 하지 마라. '어지간히 인기 없는 여자'라고 생각할 테니까. 그야 두말하면 입 아픈 소리 아닌가? 세상에 아무도 눈길 한 번 안 주는 여자라니, 그런 여자를 누가 주목해 줄까? 따라서 행여 줄기차게 싱글 생활을 해 왔다 하더라도 절대 밝혀선 안 된다는 말씀.

다시 한 번 말하지만 남자들은 금방 실연했다고 하면 순식간에 마음이 동해서, 마치 한시라도 빨리 주문 버튼을 누르지 않으면 매진되어 버리는 홈쇼핑을 보는 것처럼 다급해한다. 다른 놈이 채어 갈까 봐 더더욱 열과 성을 다하는 것이다.

단, '사흘 전' 혹은 '지난주'에 헤어졌다는 설정은 상대를 주춤하게 만든다는 것을 기억하자. 사실 사흘 전이면 아직 완전히 헤어졌다기보다는 단순히 싸운 거라고 볼 수도 있기 때문에, 다시 남친에게 돌아갈 수 있다고 생각해도 무리가 아니다. 그러므로 '실연 직후'를 연기하더라도 가급적 한 달에서 몇 달 정도로 기간을 조정하는 것이 효과적이다. 밤업소에서 만난 여자들은 하나같이 지난달에 헤어졌다고 한다. 그래야 상대가 접근하기 쉽다는 사실을 알기 때문이겠지.

자, 당신의 레이더망에 걸려든 남자가 있는가? 한 달 전에 헤어졌다고 해보라. 당신이 기회를 베풀면 상대도 대시로 답할 것이다.

당신의 장난 섞인 제안에 그의 가슴은 두근거린다

잘 알려진 심리학 법칙 중에 적교 효과(Suspension Bridge Effect, 아슬아슬한 흔들 다리나 위험한 상황에서 만나는 남녀는 그렇지 않은 커플보다 쉽게 사랑에 빠진다는 심리학 용어 - 옮긴이)라는 것이 있다. 요즘은 여성지 연애 특집 같은 데서도 자주 소개되는 개념이라 익숙한 분들도 많을 것이다.

이 적교 효과를 얘기하는 이유는 가슴 졸이는 감정이 있어야 강력한 연애 감정이 발생하기 때문이다. 두근거리는 감정을 상대에 대한 애정이라고 착각해 점점 깊은 사랑에 빠지게 되는 메커니즘이란 말씀. 좀 오래됐지만 〈스피드〉라는 영화를 기억하는가? 영화에 등장하는 키아누 리브스와 산드라 블록이 마지막에 키스를 나누는 장면은 그야말로 이 '적교 효과'의 최고봉으로 꼽을 만하다.

남자는 심장이 고동치는 그 순간 눈앞에 있는 여자에게 사랑을 느낀다. '내 심장이 요동치는 것은 그녀의 매력에 함락되었기 때문이다.'라는 생각마저 할 정도라고 한다. 그 증거가 될 만한 심리학 데이터를 하나 소개한다.

메릴랜드 대학의 그레고리 화이트 교수가 남자들을 두 그룹으로 나누고 나서, 한 그룹에게만 조깅을 시켜서 인위적으로 심장을 두근거리게 만들었다. 그런 다음 한 여성과 5분간 대화를 나누게 했다. 그러자 조깅을 한 그룹의 남자가 조깅을 안 한 그룹에 비해 여자를 훨씬 '매력적'이라고 평가했다.

결론은 실험에서도 알 수 있다시피 남자 가슴에 불을 지피고 싶다면 가슴을 뛰게 하라는 것이다! 하다못해 놀이공원 귀신의 집에 들어가게 하거나 박진감 넘치는 액션 영화를 보러 가게 해도 될 것이다. 그의 심장 박동이 빨라진 그 순간을 노려 시야를 점령한다면 당신에게 빠져드는 건 시간문제다.

장난 같은 제안으로 보여도 이 방법이 그의 마음을 움직이게 할 수 있다. "비상계단으로 내려갈까?", "골목에 들어가서 키스할까?", "지금 여행 떠날까?" 장난처럼 제안해 보자. 당신의 제안에 남자의 심장은 쿵쾅거리고, '이 느낌, 이 여자를 좋아하기 때문'이라는 감정의 고조로 이어질 것이다.

물론 당신의 장난스런 제안에 반드시 부응해 오리란 법은 없다. 단박에 싫은 내색을 할 수도 있으니 그럴 땐 "농담이야, 농담."이라고 받아넘기는 기지를 발휘할 것. 어디까지나 그의 가슴을 뛰게 하는 것이 목적이지 제안을 받아 주고 말고는 그다음 문제니까.

짓궂은 제안을 할 수 있는 여자, 살짝 버릇없는 말로 상대를 곤란하게 만드는 악녀가 인기인 이유는 남자를 두근거리게 하기 때문이다. 당신의 매력을 마법처럼 끌어올리고 싶다면 '적교 효과'를 이용해 보자!

특정 '제스처'를 반복하라!

'제스처'란 나의 본심을 연인에게 전달할 때 대단히 효과적이다. 화가 났을 때 그의 팔을 꼬집거나 기쁠 때마다 손가락을 꼭 쥐는 행동을 반복해 보자.

특정 제스처를 계속 반복하면 그이도 내 행동이 보내는 사인을 이해하게 될 것이다.

'어? 이거 내가 화나게 했나?' 라거나 '와! 되게 좋아하는 것 같아.' 처럼 당신이 표현한 제스처를 통해 뭔가를 알아차리는 것이다. 그렇게 하면 처음부터 입 아프게 일일이 말하지 않아도 된다는 말씀.

한편 당신이 뭔가 잘못을 했다면? 그땐 '미안해.'라는 사인만 보내자. 예를 들어 미안한 짓을 할 때마다 남자의 가슴팍에 뛰어들어 얼굴을 비벼 대거나 목덜미에 키스를 퍼붓는 것이다. 이를 몇 번 반복하면 남자는 당신이 그런 행동을 하기만 해도 '그래, 반성하고 있는 거야.'라며 납득할 것이다. 게다가 당신도 얼굴 맞대고 사과할 필요가 없어지니 누이 좋고 매부 좋은 셈이 아닌가! 사이좋은 커플은 두 사람끼리만 통하는 '사인'을 많이 갖고 있는 법. 일일이 말로 의사소통을 해야 하는 커플은 아직 갈 길이 먼 것이다.

진짜 찰떡궁합 커플이 되고 싶다면 둘만 아는 제스처와 사인과 은어를 많이 공유하자. '파블로프의 실험'을 아는가? 개에게 먹이를 주고서 같은 벨 소리를 들려주는 것을 반복하면 개가 벨 소리를 듣기만 해도 침을 줄줄 흘리게 되는 현상이다. 심리학적으로는 이를 '조건 반사'라고 하는데, 신기한 사실은 개뿐만이 아니라 인간에게도 같은 현상이 일어난다는 것이다.

내가 아는 어떤 남자의 애인은 약간만 화가 나도 손가락의 반지를 이리저리 만지작거린다고 한다. 무의식중에 그러는 것이겠지만 화가 울컥 치밀 때마다 같은 행동을 한다고. 그래서 그 남자는 그녀가 반지에 손을 대기만 해도 '어이쿠, 이거 또 폭발이다.' 하고 눈치를 채고는 서둘러 불 끄기에 나선다. 마치 파블로프 실험의 개처럼 말이다.

이렇게 제스처를 통해서 자신의 기분을 알리는 것, 영리한 여자의 수법 아닐까?

'낚시'가 취미라면 이런 장점이 있다!

요즘은 여성들도 낚시를 꽤 즐긴다. 필자도 나름 낚시꾼이라 가까운 강에 나가 붕어나 피라미를 낚곤 한다. 여기서 질문 하나. 당신은 남친

또는 남편 이외에 가벼운 자극이 있었으면 좋겠다고 생각한 적이 있는가? 추측건대 대부분 "예스."라고 대답할 것이다. 그럴 때 꼭 필요한 취미가 낚시다.

　낚시를 취미로 삼으면 얼마든지 뉴 페이스와 시간을 보낼 수 있다. 아마 독자들은 이런 생각을 할 것이다. '낚시터에 멋진 남자가 있다고? 말도 안 돼.' 그렇다. 그건 말이 안 된다. 얘기인즉슨, 낚시란 것은 밤에 해도 이상할 게 없는 취미라는 것이다. 다시 말해 '낚시에 푹 빠졌다.'라는 이유만 있다면 귀가 시간이 아무리 늦어도 자연스럽다는 말씀. 어쩌다 한 번쯤은 자고 들어올 수도 있다. 게다가 낚시의 좋은 점은 1년 내내 시즌이 따로 없어서 어느 계절에 집을 나가도 이상하게 보지 않는다는 것이다.

　평범한 그이(기혼자라면 남편)라면 당신이 밤늦게 다닐 때 당연히 화를 낼 것이다. "뭘 했느냐?"부터 시작해서 집요하게 파고들지를 않나, "누구랑 있었느냐?"고 성가시게 추궁하기까지. 하지만 "낚시했다."라고 하면 더 이상 심문받을 일이 없다. 굳이 물어본다면 "뭘 잡았는데?" 정도랄까? 낚시를 취미로 삼으라는 것은 이 때문이다. 낚시를 구실로 맘껏 한눈을 팔 수도, 바람을 피울 수도 있다.

　가끔씩 다른 곳으로 눈을 돌릴 때마다 일일이 새로운 변명거리를 짜내는 것도 솔직히 귀찮은 일 아닌가? 현재 남친과 완전히 헤어질 맘은 없지만 잠깐 새로운 기분을 맛보고 싶을 때 이 작전은 큰 효과를 발휘한다. "TV 보니까 낚시 참 재밌겠더라. 나도 한번 해볼까 봐." 이렇게 미리 포석을 깔아두고서 낚시 도구를 한 벌 장만하면 순조로울 것이다. 물론 본격적으로 빠져들 생각 따위는 애당초 없으니 싼 걸로 사면 된다. 모르는 것은 낚시점 직원에게 물어보자. 떡밥은 구더기 같은 생미끼가 불쾌하면 감자 뭉치를 쓸 수도 있다.

단, 가끔은 진짜 낚시를 가서 의심받지 않도록 하는 용의주도함을 잊지 말자. 어느 포인트에서 어떤 물고기가 잡혔다는 이야기를 못 하면 곤란한 노릇이니까.

또 '아마추어 낚시 입문' 같은 책을 한 권 정도 사 두고, 읽는 모습을 보여 주는 것도 진짜처럼 보이는 데 빼놓을 수 없겠지?

만약을 위해 충고 하나. 그이(그리고 남편)의 취미도 낚시라면 이 작전은 무용지물이다. "나도 같이 갈게."라는 이야기가 나오면 한눈팔기도 물 건너간다는 것을 기억하자. 그이가 낚시 같은 데 관심 없는 경우에만 이 기술이 통한다.

그의 옷을 빌려 입고 '귀여움'을 연출하라

남자는 여자의 귀여운 동작에 혹한다. 아무것도 없는 데서 제 발에 걸려 넘어지거나 황당한 실수를 하는 모습에 남자들은 절로 미소를 짓

곤 한다.

하지만 귀여움을 연출하는 데도 한계가 있는 법. 안주로 주문한 생선구이를 보고 "물고기가 노려봐. 무서워~."라는 반응을 보인다면 누가 봐도 도가 지나친 시도다.

필자가 상대남이라면 "가지가지 한다." 하겠지만, 혹시 좋다고 넘어가는 남자도 있을지 모르겠다.

본론으로 들어가자. 남자들은 "약간 멍청하면서 귀여운 여자가 좋다."라고 하지만 진짜 바보를 원하는 것은 아니다. 그러니 악녀라면 '어수룩함을 연출' 할 줄 아는 영리함을 익히자. 잘 짜인 '계산'과 '타산'을 통해 귀여움을 만들어 내는 것이다.

남자가 여자를 보고 귀엽다고 느끼는 순간 중 대표적인 것이 남자 옷을 입는 것이다. 대단히 사랑스러운 느낌을 풍기면서, 인위적인 설정도 전혀 필요 없는 작전이다. 여자라면 누구나 남자 옷을 입고 귀여운 느낌 줄 수 있으므로 꼭 시도해 보라. 먼저 남자가 재킷을 벗으면 그 즉시 얼른 걸쳐 본다. "어머, 완전 헐렁헐렁해.", "어깨가 이렇게 커?" 이러면서 신나게 떠드는 거다. 재킷뿐만 아니라 블루종, 스웨터, 코트, 셔츠 뭐라도 상관없다. 큼지막한 남자 옷에 푹 싸인 여자를 보면서 남자는 '격하게 감동' 하고 만다. 자기 옷을 여자가 입는다는 것은 그만큼 자신을 좋아하기 때문이라고 생각하니까.

심리학에서는 한 가지 사물을 둘이서 '공유' 하면 동화 작용이 일어나 한층 친밀감을 느끼게 된다고 알려져 있다. 그러니 그의 옷을 '공유' 하라. 그렇게 함으로써 그의 마음을 훔칠 수 있을 것이다.

학창 시절에 같은 반 남자 아이가 벗어 둔 교복을 여자 아이가 장난삼아 입고 도망친 적이 있었다. 그 모습이 어찌나 귀엽던지. 옷을 뺏긴 남자아이는 여자아이가 자기 교복을 입었다는 것만으로도 흥분할 수밖에 없었다. 역시나 동화 작용이었을까?

단, 두말할 필요 없이 이 테크닉은 여자가 남자보다 몸집이 '작다'는 전제하에 실행해야만 한다.

예컨대 여자 키 180에 80kg, 남자 키 160에 50kg인 커플이라면 당연히 남자 옷이 들어갈 리도 없거니와 "옷이 손바닥만 하네, 오호호!"라고 아무리 귀엽게 외쳐 본들 사랑스럽지도 않다.

다시 본론으로 돌아가서, 그의 옷을 입기까지의 과정에 대해 한마디. "좀 쌀쌀하네." 같은 대사를 곁들여 그가 코트나 블루종을 빌려 주길 기다리는 '성숙녀' 작전도 좋지만 "재킷 좀 벗어 줘 봐!"라고 명랑하게 툭 던지는 '깜찍녀' 작전도 앙증스런 연출법이 될 수 있다.

당신은 어디까지나 귀여운 악녀다! 깜찍함을 잊지 않도록 참고하기 바란다.

매너 있는 인기녀, 식당 선택도 다르다

식사 장소는 보통 남자들이 정하지만, 그가 우유부단하다거나 사정이 생겨 예약을 못 했다면 당신이 주도권을 행사해 보자.

남자들도 사실은 여자가 장소를 정해 주면 편하다는 이야기를 많이 한다. 다만 가급적 고급 레스토랑의, 심지어 룸으로 들어가는 것만은 피해 주시길. '모처럼의 기회, 비싼 데로 가 주겠어.'라고 생각한다는 것은 아직 초짜라는 증거다. 연애의 프로가 되고 싶다면 그래선 안 된다. 지금 세상이 흥청망청 쓸 수 있는 때도 아니고, 고급 레스토랑은 손님이 뜸하기 마련이다. 그뿐인가? 룸이란 데는 어찌나 조용한지, 분위기 싸늘해질 가능성이 크다. 럭셔리하면 뭐하랴? 정적 속에 마주 앉아 밥만 꼭꼭 씹어서야 따분하기 그지없을 터. 그렇게 먹으면서 즐겁다고 느낄 수는 없을 것이다.

단언컨대 적당히 손님들이 있어서 소음이 일어나는 장소가 밥 먹기에는 좋다. 필자는 적어도 그렇다. 본인들도 아무 이야기나 할 수 있고, 화제가 떨어졌을 때는 "저쪽 구석에 앉은 커플 말이야……."라며 주위 사람을 화제에 올릴 수도 있으니까.

그런데 만약 그가 겉치레를 중시하는 스타일이라면 처음부터 고급 식당으로 당신을 이끌 수도 있다. 그럴 때는 일단 서툴다는 어필을 해 보자. "내가 거기 잘 적응하려나?" 같은 말을 흘려도 좋을 것이다. 그럼에도 꼭 대접하고 싶어 한다면 가 줄 수밖에.

남은 과제는 상대를 치켜세우기다. 일찌감치 전 남친과 몇 번이고 다녀온 곳일지라도 "어머, 여기서 먹는 거야? 너무 좋다!" 같은 감격스런 소감 정도는 선물하자. "여기는 ○○샐러드가 최고지." 같은 말로 와 본 티를 낼 필요는 없다. 남자는 자존심 빼면 시체. 때문에 당신에게 자랑하고 싶어서 데리고 간 것이다. 모처럼 데리고 간 고급 레스토랑을 많이 와 봤다고 하면 누구랑 왔는지에 관심이 쏠리지 않을까? 그러니 '아무것도 몰라요.' 하는 얼굴로 '첫 경험의 이미지'를 풍겨라. 상대보다 와인에 대해 한 수 위라 하더라도 티 안 내는 게 좋다.

남자의 잘난 척을 감탄하며 들어주는 것도 잊지 말자. 또 술을 마시게 된다면 "독한 술인가 봐. 취하면 어쩌지?"라고 예쁘게 한 마디 덧붙이자. 취하기는커녕 간에 기별도 안 갈 수준이라도.

그로 하여금 돈과 노력을 아낌없이 쏟아붓게 하라

자고로 남자에게는 자꾸자꾸 돈 쓸 기회를 줘야 한다. 들어가는 액수가 커지면 커질수록 당신에게 몰두하게 되어 있는 법이니까. 그들은 여자에게 투자하면 할수록 '분명히 이만한 가치가 있는 여자이기 때문에 돈을 쓰는 것'이라고 스스로를 납득시킬 수 있다.

이것을 심리학에서는 매몰비용효과(sunk-cost effect, 과거에 의사 결정을 한 후, 투자가 많을수록 상황의 변화에 관계없이 과거의 결정을 지속하려는 경향 – 옮긴이)라고 부른다. 그들은 고가의 금붙이를 선물하면서 '내 여자'라는 독점욕을 충족시키는 능력마저 갖추고 있다. 그러니 선물 고르기 좋도록 가급적 데이트 때는 액세서리를 자제하라. 이미 다 갖추고 있으면 선물해야겠다는 마음이 발동하지 않는다. '내가 사 줘야지.' 하는 의욕을 불러일으키기 위해서라도 많이 착용해선 안 된다. 비어 있는 모습을 보여 줘야 반짝이는 선물이 들어온다.

알미운 여자들이 인기를 끄는 이유는 남자에게 비용을 부담시키기 때문이다. 그런데 비용이 들수록 남자는 마음을 빼앗겨 헤어지기 싫어한다. 미운 소리를 해도 싫어지기는커녕 오히려 좋아 죽는다. "렌트카라도 좋으니까 드라이브 가자.", "당일치기라도 좋으니까 여행 가고 싶어." 이를테면 이런 말들이다.

만약 그이가 가난하다면 시간과 노력을 바치게 하면 된다. 전화건 문자건 연락은 반드시 그가 먼저 하도록 하고, 딴 여자랑 놀 시간이 있으면 당신에게 선물하도록 만들자. 이렇게 자꾸만 비용이 들게 만들어야 남자에게 이용당하지 않는다.

너무 과했던 탓에 지친 기색이 비친다면 "나 너무 얄밉지? 그래서 싫어진 거야?" 또는 "난 이기적이야. 안 그런 여자도 있을 텐데."라며 풀죽은 모습을 보이는 것도 한 방법. 남자는 이 한 마디에 갑자기 용기가 불끈 솟을 것이다. 자신에 대한 애정 때문에 그런 말을 한다고 생각하기 때문이다. "무슨 소리야. 네가 내 여친이라서 얼마나 좋은데." 당황하며 부정하면서 점점 더 노력하자고 마음을 다잡을 것이다.

물론 아무리 작전이라도 얄미운 짓임은 틀림없으니 조금은 남자의 목소리에도 귀를 기울여 주자. Give & Take라는 법칙도 있잖은가? 전혀 알고 싶지 않더라도 그의 취미(화석 컬렉션, 격투기, 혹은 자동차)에 대해서 가끔은 공부를 한다거나 그의 취향에 맞는 옷을 입는다거나 또는 섹스 때 그의 주문에 따라 주자.

참고로 하나 더. 채찍만 휘둘러서는 남자를 내 맘대로 조종하기 어렵다. 그래서 가끔은 당근도 맛보일 필요가 있는데, 그의 얼굴에서 불만스럽고 피곤한 기색을 발견했을 땐 당근 하나로는 부족하다. 두 개, 세 개 물려 주고 잘 구슬리는 것이 좋다.

그가 바친 선물, 빈말이라도 "필요 없다."라고 하자

남자에게는 끊임없이 뭔가를 바치게 하라고 조언했다. 그런데 진짜 중요한 것은 이제부터. 결국에는 받아 챙기더라도 일단은 가볍게 '거부' 해 두라는 것이다.

어리석은 남자들은 선물을 해 준다고 하면 여자들이 무턱대고 좋아할 거라는 환상이 있다. 한심하고 자신감 없는 남자일수록 더 그렇다.

오직 선물로만 여자의 마음을 얻으려 하기 때문이다.

그렇기 때문에 "그런 비싼 선물은 받을 수 없어." 또는 "그렇게까지 생각해 주지 않아도 돼."라며 살짝 거부해 주면, 순간 의아해한다. 대부분의 여자가 덥석 받아들 텐데, 신선하지 않은가? '선물 같은 거 안 줘도 같이 있는 것만으로도 난 좋아.' 라는 분위기를 풍기라는 말이다.

어차피 사 온 선물, 설마 한번 준 거 다시 거둬들일까? "아유 괜찮아. 이 정도 선물도 못 할까 봐!"라며 떠안기려 드는 게 수순일 터. 그럼 그제야 "너무 기뻐. 고마워!!"라며 만면에 환한 웃음을 지어라. 받아 챙기는 것이 아니라 챙겨 준 것을 받을 수밖에 없는 상황의 유기성을 살리는 것이 핵심이다.

당연히 평소에 "저 목걸이 참 예쁘다~."라거나 "이 반지 나한테 어울릴까?"라는 말을 들려줌으로써 티 안 내고 '사 달라.' 는 메시지를 보내야 한다. 그래야 기억해 뒀다가 선물해 줄 거니까. 뻔한 스토리임에도 불구하고, 선물을 하는 그에게는 "이럴 생각으로 말한 거 아닌데." 라거나 "돈 모아서 내가 사려고 했단 말이야." 정도의 능청스런 연기를 펼치는 것이 좋다. 그래야 조신하고 귀엽게 보일 테니까. "생일 선물 뭐 해 줄까?"라고 물어 올 때도 "샤넬 백!"이라고 냉큼 대답해서는 곤란하다. "신경 쓰지 마."라고 일차 사양한 후, 슬쩍슬쩍 "시계 바꿔야 되나?"라거나 "백화점 귀걸이 예쁘던데." 같은 언질을 주기만 하면 된다. 어지간히 머리 나쁜 남자 아니고는 기억해 뒀다가 분명히 선물할 것이다.

내가 원해서 '엎드려 절 받은' 선물임에도 불구하고, 받을 때는 "갖고 싶었는데 어떻게 알았어?"라며 야단스레 놀란 표정을 짓는 것도 포인트. "우린 역시 천생연분인가 봐."라고 확인해 두는 것도 잊지 말자. 선물을 바치면 '일단 거절', 받은 후엔 '최고의 환희'. 이 두 가지만 확실히 지키면 더 많은 선물을 챙길 수 있다.

마지막으로 충고 하나.

선물이란 어차피 그 남자가 좋아서 하는 일이므로 부담 가질 필요가 전혀 없다!

COLUMN

관심 없는 남자, 영악하게 '견제'하기

전혀 관심 밖의 남자에 대해서는 '연애 감정 제로'임을 확실하게 전할 필요가 있다. 괜히 이쪽에 눈길을 줄 만한 말을 하게 되면 나중에 가서 스토킹 비슷한 기분을 느끼게 될 수도 있으니까. 주위의 모든 남자에게 가능성을 열어 두는 작전도 결코 나쁘지는 않지만, 이상형과 너무 거리가 멀다면 NG라고 판단하고 나서 가급적 서둘러 '견제'하는 것이 좋다. 다시 말해 '아무리 좋아해 봤자 난 쳐다도 안 봐.'라는 경고를 확실히 전하라는 말이다.

자연스런 '견제'법 중 하나가 딴 남자를 좋아한다고 고백하기다. "당신 앞에서는 편하게 얘기가 나오는데, ○○씨 앞에만 가면 좋아하는 감정 때문에 입이 떨어지질 않아요." 이렇게 해 두면 '아, 다른 남자를 좋아하는구나.' 하고 NG남도 포기할 수밖에 없을 것이다. 달리 좋아하는 사람이 있다고 밝힌다는 것은 가능성이 없다는 이야기니까. 게다가 그 NG남이 성격 좋은 남자라면 센스를 발휘, 당신이 좋아한다고 밝힌 남자에게 "저 여자 참 괜찮더라. 사귀어 봐."라고 코치해 줄지도 모를 일 아닌가(욕심이 과한가?).

또 하나의 '견제'법은 서로 성격이 안 맞는다고 강조해서 의욕을 꺾어 버리는 방법이다. "AB형끼리는 잘 안 맞는대요.", "그쪽이랑 저는 친구로는 괜찮지만 아마 사귀게 된다면 서로 무지 싸울 걸요."라는 말들을 던지는 작전이다. 이런 이야기를 거침없이 쏟아 내면 상대도 '그럴 수 있겠다.'라고 납득해, 가지고 있던 감정도 거둬 준다. 승산 없는 짓이라고 생각할 테니까.

또 다른 '견제'법은 제3의 여인을 붙여 주는 방법이다. "총무부 ○○씨가 칭찬하던데요~."라며 주의를 딴 데로 집중시키는 것이다. 그래야 안심이다. NG남에게는 '나한테 빠지지 마요.'라는 메시지를 팍팍 심어 주는 것이 상책이다.

뒤탈을 남기지 않기 위해서라도 되도록 빨리 싹을 자르자. 단, 너무 매정하게 굴거나 못생긴 남자는 싫다고 대 놓고 드러내는 것은 금물. 그래서는 또 다른 문제가 시작되니까. 최고의 방법은 어디까지나 영악한 '견제'다.

귀여운 악녀가 남자를 리드한다

 # 남자를 기쁘게 만드는 여자가 되자

남자는 '비교' 당하기 싫어한다

유학 경험이 있는 여자, 해외여행을 좋아하는 여자들은 꼭 자기 나라 남자와 외국 남자를 비교한다. 그녀들은 늘 입버릇처럼 이렇게 중얼거린다. "그쪽 남자들은 얼마나 친절한데. 하여튼 우리나라 남자들이란……." 그렇게 외국 남자가 좋으면 외국 가서 살라는 것이 남자들 입장 아닐까? "잡고 싶지도 않으니까 꺼지시지." 아마 마음 한구석에서는 이렇게 생각할 것이 틀림없다.

원래 남자들은 '비교' 당하는 것을 좋아하지 않는다. 내 친구 남친은 이렇다, 누구누구는 키가 크다고 끊임없이 비교해 보라. 당장 험한 얼굴 볼 수 있을 테니. 남자에게 사랑을 받고 싶으면 비교를 하지 말아야 한다. "지금 그대로의 당신이 좋아!"라는 말을 거짓말이라도 좋으니 자꾸 들려줘라.

남자는 다른 남자와 비교당할까 봐 늘 겁을 내는 동물이다. 남보다

못하다는 평가를 받기 싫은 것이다. 그래서 그들은 "옛날 남자 친구랑 나, 둘 중에 누가 더 좋아?" 같은 바보스러운 질문을 한다. 여자 친구가 딴 남자와 자기를 비교하는 것 아닌가 하는 우려의 발로다. 그러니 남자는 비교 안 하는 것이 좋다.

만약 비교를 한다면 그보다 한 수 '아래'인 남자와 견주어라. "당신보다 못생긴 남자가 얼마나 많은데.", "당신만큼 일 잘하는 사람이 얼마나 되겠어?" 등등 '한 단계 아래' 사람들을 경쟁 대상으로 제시하면 안심하게 될 것이다.

미국의 심리학자 토머스 윌즈는 자기보다 못한 인간과 비교하면 자기가 훨씬 낫다는 생각이 들면서 자신감이 붙는다고 했다. 그러니 그이를 기쁘게 하려면 더 못한 상대를 골라 비교하자. 그러면 약간은 자신감을 고조시킬 수 있을 것이다. "지금까지 사귄 남자들은 하나같이 한심했어. 당신이 최고야."라고 해 주면 대부분의 남자는 좋아라 한다.

단, 예외적으로 다른 남자와의 비교를 통해 활기를 얻는 타입도 있다는 사실. 그런 경우라면 어쩔 수 없다. 당사자보다 훨씬 떨어지는 남자를 연달아 예로 들면서 "역시 당신이 최고야."라고 말해 주자.

남자의 '약점'과 '결점'은 보고도 못 본 척하라

어찌 된 영문인지 요즘은 '남자 같지 않은 남자들'이 참 많다. 사소한 일에도 왈칵 눈물을 쏟는 남자까지 어렵사리 볼 수 있으니까. 이런 남자들은 스스로 쟁취하겠다는 수컷의 의지가 없어서 여자 쪽에서 다가오기를 기다린다. 롤리타 콤플렉스가 있는 남자들도 대개는 '약해 빠진' 족속들. 그런 남자들은 나이가 엄청나게 차이 나는 어린 여자아이가 아니면 마음 놓고 말도 한마디 못 한다. 게임, 만화 등 '가상 공간'의 여자에게 집착하는 남자들도 기본적으로는 약점투성이라고 봐도 좋을 것이다.

그들이 제일 싫어하는 것이 자신의 결점을 지적당하는 일이다. 남자들은 자신이 약하다는 것을 인정하기 싫어서, 그 부분을 지적받게 되면 엄청난 상처를 입는다(특히 요즘 남자들). 그러니 그에게 결점이 있다면 못 본 척하라. "당신은 이런 점이 틀렸어!"라고 지적해 본들 울리기만 할 뿐이다. 기가 센 여자한테 그런 말을 듣고 나면 상대는 재기 불능의 늪으로 빠질지도 모른다.

그럼에도 불구하고 꼭 결점을 지적해야 되겠거든 확실히 풀어 주고 배려하는 마음이 중요하다. 예컨대 "당신은 말이야, 생각도 경험도 섹스도 모조리 미숙해. 남자로서는 유치하다는 거지. 그렇지만 그게 귀엽긴 해." 이렇게 일단 결점을 지적했으면 그다음에는 "그럼에도 나는 사랑한다."라는 말을 덧붙여 감싸 줘야 한다.

캘리포니아 대학에서 심리학을 연구한 디안 펠므리는 125쌍의 커플을 연구한 결과 애정이 뜨거운 커플일수록 여자가 '남자의 장점 찾기에 능하다.'라는 사실을 발견했다. 결점이 아니라 좋은 점을 찾아 주는 것이 사랑받는 여자의 절대 조건이란 말씀이다.

불륜을 능숙하게 즐기면서도 남편에게 들키지 않는 여자들은 절대 남편의 험담을 안 한다고 한다. 그런 여자들은 남편 얘기가 나오면 대체로 솔직하게 칭찬을 하고, 가끔 결점에 가까운 이야기를 한다고 해도 "불쌍하니까 나라도 계속 사랑해 줘야죠." 하면서 감싸 준다나?

남자들은 결점을 지적하더라도 확실한 사후 관리를 해 주는 여자를 좋아한다. 자신의 결점, 본인도 안다. 하지만 여자가 일부러 지적하는 것만큼은 싫다는 것이다. 결점을 지적받더라도 "그래서 좋아하지."라고 뒤처리를 해 주자. 안 그러면 남자의 마음은 위축될 뿐이다.

남자의 허풍은 너그럽게 받아 줘라

남자들은 대개 여자의 환심을 사고 싶을 때 허풍을 친다. 실제 연봉은 4천만 원인데 5천만 원이라고 부풀리거나, 요즘 잘 나간다거나, 내년에는 승진할 거라는 식이다. 여자들한테 크게 인기를 끌었던 적도 없으면서 "이래 봬도 학교 때는 인기 짱이었다."라는 등 우쭐대며 늘어놓는 말을 듣다 보면 '허풍선이'라는 생각이 절로 든다.

하지만 그렇더라도 꼬치꼬치 캐묻기는 절대 금물이다. 속으로는 그러려니 하면서 겉으로는 "정말 대단하다!"라며 칭찬해 줘야 한다. 이렇게 호들갑을 떨어 주면 천하를 거머쥔 듯 득의양양한 얼굴로 헤벌쭉거릴 것이다. 세상에는 '진실을 곧이곧대로 지적하면 안 된다.'라는 희한한 법칙이 있어서, 그냥 지나쳐 주는 편이 훨씬 나은 경우도 많다.

남자의 허풍을 듣고 "뻥 좀 그만 쳐라."라고 말해 주고 싶은 마음이 굴뚝 같다고? 하지만 정말로 그랬다간 센스 빵점이란 소릴 면하지 못한다. 거짓말이 들통 난 남자는 민망해 어쩔 줄 모를 텐데, 불쌍하게 만들어서야 쓸 일인가? "어머, 그럼 동기 중에서 1등이구나.", "그래, 당신은 인기가 많았을 거야."라고 맞장구를 쳐 주는 것이 좋은 여자의 조건 아닐까? 남자가 이리저리 부풀릴 때는 '바보, 거짓말인 거 누가 몰라.' 싶은 생각이 들더라도 표 안 내는 것이 여자의 배려라는 것!

꼬마들을 보라. 코흘리개 남자아이들은 엄마에게 거짓말을 밥 먹듯이 해댄다. "고래만 한 물고기를 잡았는데 불쌍해서 놔 줬어."라거나 "딴 애들은 다 60점 받았는데, 나만 100점이야." 그럴 때 엄마들은 "거짓말하면 못 써!"라고 성내지 않는다. "세상에, 그랬어?"라며 야단스럽게 칭찬을 한다. 왜냐? 아이의 여린 마음에 상처를 입힐 수 있으니까. 악녀의 작전도 같은 맥락에서 시작되어야 하지 않을까? 그러니 엄마와 같은 너그러운 마음으로 그이의 허풍을 용서하자. 상대는 아직 '코흘리개'라 생각하며 한 귀로 듣고 한 귀로 흘려라.

미국의 정신분석학자 하인츠 코프트는 환자가 거짓말을 할 때면 그 이유를 추궁하기보다 "아이고, 잘됐네요."라고 칭찬할 것을 권한다. 환자들은 치료자에게 칭찬을 받고 싶어서 증상이 나아졌다거나 일이 잘 되고 있다거나 하는 거짓말을 하기 때문에 이를 받아 주라는 것이다. 얼마나 훌륭한 마음가짐인가?

남자는 여자 앞에만 서면 그저 허영을 부리고 싶어서 있는 일, 없는 일 꾸며 대기 바쁘다. 하지만 그런 거짓말을 잘 받아 줄 때, 비로소 그는 당신과의 수다를 진심으로 즐거워할 것이다.

칭찬은 그이도 춤추게 한다

칭찬을 받으면 누구나 기분이 좋아지는 법이다. 발걸음을 가볍게 하고, 콧노래를 흥얼거리게 하는 순기능이 칭찬에 숨어 있는 것이다. 그런데 칭찬은 받는 사람에게만 명약이 되는 것이 아니다. 칭찬을 하는 이에게도 예상 밖의 기적을 창출한다. 그러니 스스로를 위해서라도 남자를 자주 칭찬해 주자. 그러면 당장에라도 넘어올 남자의 수가 비약적으로 늘어나는 기적을 체험하게 될 것이다.

미국 인디애나 주 빈세네스 대학의 맥마한 교수는 남자와 여자 중 칭찬에 약한 쪽을 조사한 결과 '남성'이라는 결론을 얻었다. 궁둥이를 조금만 두드려 줘도 기가 펄펄 살아나는 데다, 더 많이 칭찬받고 싶다는 욕구가 마구 솟는다는 것이다. 자, 이제 남자를 칭찬해야 하는 이유를 이해했는가?

그렇다면 문제는 어떻게 실천하느냐다. 대놓고 칭찬하기가 쑥스럽다면 문자를 이용해 보자. 눈 하나 깜짝하지 않고도 닭살 돋는 칭찬이 가능하다. '당신 사진을 보고 있으면 용기가 샘솟아요.'라는 말을 제 입으로 하기란 참 어색한 노릇이지만 문자라면 문제없으니까. 문자가 됐건 메일이 됐건 남자란 칭찬을 받을 수 있다는 사실만으로도 기가 산다고 하니 이런 포인트를 놓쳐서는 안 된다. 참고로 '당신 사진이 내게 힘을 북돋아 주는군요.'라는 말은 일본의 대표적 탐미주의 작가 다니자키 준이치로가 부인 네즈 마쓰코에게 보낸 러브레터의 한 구절이다. 도용이 아닌 인용 정도로 양해해 주시길.

남자들 눈에는 능숙하게 칭찬할 줄 아는 여자가 무척 매력적으로 비친다. 냉정하게 판단할 때 별로 예쁘지 않아도 자기를 충분히 칭찬해 주는 여자라면 천사로 보인다는 것. 솔직히 남자들도 "어머 20대 초반이라고 해도 믿겠어요."라는 말을 들으면 입이 귀에 걸린다. 일 관계로 만난 여자가 하는 말이라면 겉치레 인사말이 분명한데도 기분 좋아지는 것을 어쩌랴? 아무리 요모조모 뜯어봐도 완연한 30대라면 20대 초반으로 보일 리가 만무하지만, 그런 말을 들으면 잠깐 동안은 싱글벙글 웃음이 멈추지 않는 것이다.

남자의 첫사랑 상대는 유치원 선생님 또는 엄마인 경우가 흔하다. 왜 그럴까? 자신을 아낌없이 칭찬해 주는 존재였기 때문이다. 낙서인지 그림인지 알 길이 없는 그림을 보고도 "참 잘했어요. 천재인가 봐."라고 무턱대고 칭찬하기 때문에 싫어할 수가 없는 것. 다시 한 번 강조하건대 남자는 자신을 인정해 주는 여자를 좋아한다. 그러니 칭찬이 후하면 틀림없이 십중팔구는 당신을 좋아해 줄 것이다.

가끔 농담인지는 모르겠지만 남친을 헐뜯는 여자들도 눈에 띈다. 숏다리네, 못생겼네, 심지어 머리가 나쁘네, 발 냄새가 나네 등등. 그 순간 상대남의 입에서 웃음이 터져 나올지는 몰라도 마음에서 우러나오는 웃음은 아니라는 것을 깨닫자. 착각해선 곤란하다.

남자를 기분 좋게 만들려면 사실보다 과장된 칭찬을 퍼부어야 한다.

부탁을 받으면 일단은 OK 하라

남자란 이상한 데서 체면을 세우려 드는 경향이 있다. 그래서 여자에게 별것 아닌 일을 부탁할 때도 자꾸만 주눅이 든다는데, 직장에서도 여자 부하 직원에게 부탁을 못해 우물쭈물하는 상사가 있는 것은 그 때문이다. 그러니 그가 당신에게 뭔가를 부탁해 왔다면, 상당한 용기를 짜낸 다음 이루어진 행동일 거라고 따뜻하게 받아들이자. 말도 안 되는 주문이라면 딱 잘라 거절해도 되겠지만, 기본적으로는 '기꺼이 받아 주는' 모션을 취하라는 것. 물론 '그런 척' 하는 것으로 충분하며, 반드시 책임질 필요는 없다.

직장에서 상사나 동료 남성이 "부탁이 있는데……."라고 말을 걸어 올 때는 "네, 뭔데요?"라고 대답하는 것이 정석이다. 그러면 상대는 긴장을 풀고 당신에게 호의를 가지게 된다. 반면에 "뭐예요? 나도 바쁜데."라고 받아친다면 상대는 울컥할 게 뻔하다. 용기를 냈는데 단박에 잘려 버렸으니 민망하지 않겠는가?

직장뿐 아니라 언제 어디에서건 남자의 부탁을 받았다면 "응, 뭔데?" 또는 "네, 뭐든지."라고 응대하자. 그 후 부탁의 내용을 들어 보고서 "미안, 그건 좀 어렵겠다."라고 거절하면 된다. 처음부터 잘라 내는 것이 아니라 일단은 들어줄 것처럼 보이는 작전이다. 이렇게 충격 완화 장치를 거친 후 거절하게 되면 남자의 체면을 구길 일이 없다(틀림없

다!). 이유 정도는 나중에 얼마든지 갖다 붙일 수 있으니 걱정은 붙들어 매시라.

　별로 관심 없는 남자나 싫은 남자가 데이트 신청을 해 왔을 때도 "그래요, 어디?"라거나 "좋아요, 어떤 영화?"라고 일단 받아 주는 척을 해 두는 것이 귀여운 악녀들의 방식이다. 남자 입장에서는 OK를 얻어 냈다며 가슴을 쓸어내리겠지. 그런 다음 "미안, 거긴 가고 싶지 않아요."라거나 "그 영화 별로 안 보고 싶은데."라고 거절하면 되는 것이다.

　가엽게도 어느 쪽이건 거절이라는 결론은 같지만 일단 OK 한 것처럼 보이는 것이 그의 체면을 살리고 상처를 줄이는 길이다. 우선은 들어주는 척, 남자의 사기를 높여 주자. 다음 단계에 가서 살짝 낙담시키면 된다.

처음부터 실망시키면 좌절하고 말지만, 일단 OK 해 주면 "고지가 눈앞이다!"를 외치며 다시 살아나는 것이 남자들이니까.

남자의 기분을 섬세하게 챙겨라

남자는 신경질적인 여자를 싫어한다. 사소한 일쯤은 눈감아 줘야지 그렇지 않으면 숨이 막혀 버린다나? 이런 심리를 여자들이 이해 못 하는 것은 당연한 노릇이다. 다음 상황을 눈여겨보자.

남 : 저기 땅콩 좀 줘 봐.
여 : 땅콩이 아니라 피넛이야.
남 : 아무렴 어때. 그게 그거지.
여 : 전혀 다르지. 껍데기나 속껍질이 남아 있는 게 땅콩이고, 전부 벗겨진 게 피넛이라고……. 몰라?
남 : …….

이 대화를 보면 무슨 이야기인지 알 수 있을 것이다. 다짐해 두는데, 절대 이런 식으로 대화해서는 안 된다. 비단 대화뿐일까? 평소 행동에서도 사소한 것에 쓸데없이 잔소리를 늘어놓는 여자가 있다. 조금씩은 칠칠치 못한 빈틈을 보여 줘야 남자들도 친밀감을 느낀다.

식당 물수건은 불결해서 안 쓴다거나, 구두에 진흙이 조금만 묻어도 티슈로 공을 들여 닦는 여자. 아주 까다로워 보인다. 이런 행동들은 '여자답다' 기보다 신경질적으로 보인다. '그렇게 여기저기 신경 쓸 여유가 있으면 내 기분도 좀 챙겨 주지.' 라는 기분이 들게 한다는 것.

그러니 남자가 데리고 간 식당이라면 설사 좀 지저분하더라도 너그럽게 참아 주는 미덕을 발휘하자. 그의 단골집인 줄 알면서도 "테이블이 끈적거려."라거나 "맛없는 술뿐이구나."라며 불평불만만 쏟아 내는 여자를 보면, 남자들은 자기를 무시하는 거라고 생각한다. 빈말이라도 "이 가게 괜찮다."라고 칭찬해 준다면 그의 자존심도 살릴 수 있다.

그리고 또 하나. 남자가 정한 데이트 코스에 불평하지 말자. 미술관에 데려갔다가 "추상화는 딱 질색이라니까."라는 말을 듣게 된다면 남자 입장이 어떻겠는가. 싫더라도 속으로 삼키는 것이 똑똑한 악녀의 처신임을 한번쯤 되새기자.

남자는 사랑 없는 섹스도 OK다

여자에게 '섹스'란 애정 표현이다. 따라서 싫은 남자와 관계를 맺는 것은 상상조차 못한다. 대부분의 여자는 '섹스=사랑'이라는 등식이 머릿속에 박혀 있다. 그런데 이런 방정식이 남자에게도 적용될까?

아니다. 애당초 그들은 애정이 없어도 섹스가 가능한 생물이기 때문이다. 남녀평등론이 등장한 지 꽤 오랜 시간이 흘렀지만 아직도 가게에 들어가 돈만 내면 생면부지의 남자와 섹스를 할 수 있는 여성 전용 밤업소는 없다. 호스트바가 있기는 하지만 대단할 것 없지 않은가? 어째서 여성 전용 업소는 없는 걸까? 여자들은 상대가 누구건 성적 욕구만 해결하면 쾌감을 느끼는 남자들과는 다르기 때문이다.

호주의 케이프 브렌튼 컬리지에서 심리학을 가르치는 마사 조교수는 200명 이상의 남녀를 모아 두고 "사랑하지 않는 사람과 섹스를 한다면 불쾌할까요?"라고 물었다.

그러자 불쾌하다는 남자는 단 11%, 다시 말해 89%의 남자는 사랑이 없는 섹스도 상관없다는 결론이 났다. 반면에 여자는 57%가 "그렇다."라고 대답했다. 상대에 개의치 않고 즐길 수 있는 여자는 43%였으니, 남자에 비하면 확실히 낮은 수치였던 것이다.

여자들에게 섹스란, 뭔가 숭고하고 특별한 의미가 있는 행위다. 하지만 남자는 손톱만큼도 그렇게 생각하지 않는다. 여자 입장에서 보면 억울하기 짝이 없지만 사실이 그렇다니 별수 없지 않은가? 그렇다고 필자가 남자의 바람기를 옹호할 생각은 추호도 없다. 다만 여자가 소중하게 생각하는 만큼 남자는 섹스에 대해 깊이 생각하지 않는다는 사실을 알아 두자는 것이다.

필자는 이 책을 통해서 집요하리만치 '쉽게 성관계를 맺지 마라.'는 설교 아닌 설교를 반복하고 있다. 여자와 달리 남자는 섹스에 중요한 의미를 두지 않기에 설사 하룻밤을 함께 보냈다고 해도 '이제 우리 사이는 더 깊어진 거야.'라고 생각하지 않기 때문이다. 그러니 섹스는 가급적 최후의 순간까지 미루어라. 그래야 남자가 조금이라도 섹스를 소중한 행위로 여기게 될 것이다.

섹스를 둘러싼 남녀의 입장차

포르투갈의 심리학자 펠릭스 네트 박사는 백여 명의 남녀를 대상으로 '다음 중 로맨틱한 행위라고 생각하는 것은?'이라는 질문을 던졌다. 그 결과 여자들의 대답은 이랬다.

1위 가까이 앉기
2위 마주 보기
3위 서로 껴안기
4위 키스
5위 섹스

즉 여자들은 좋아하는 남자 옆에 바짝 붙어 있기만 해도 행복을 느낀다는 것이다. 대부분의 여자가 이 부분에 대해서는 충분히 공감할 터. 반면에 남자들에게선 정반대의 결과가 나타났다. 그들이 생각하는 최고의 로맨틱한 행위는 바로 섹스.

　이처럼 남녀는 섹스에 대한 생각이 참 다르다. 여자들은 사랑하는 그이가 옆에 있기만 해도 최상의 행복을 느끼지만, 남자들은 그 정도 소프트한 행위만으로는 애정을 느끼지 못하나 보다. 섹스를 하고서야 비로소 '이 여자는 내 여자.' 라는 실감이 들고 사랑스럽다는 기분이 든다니까 말이다.

　드물기는 하지만 섹스를 오락처럼 즐기는 여자에게 남자가 애착을 느끼는 경우가 있다. 처음엔 단순한 섹스 프렌드라는 느낌으로 관계를 맺었지만, 그러는 사이에 로맨틱한 감정에 휩싸여 애정으로 발전했다는 것이다.

　필자의 경우, 남자들은 누구와도 거리낌 없이 섹스가 가능하므로 쉽게 응하지 말라고 충고한다. '섹스로 시작되는 연애' 도 있다지만 이는 극소수에 불과하며 악녀의 길이 아니다. 그러니 참고할 가치도 없다.

/ COLUMN /

'구두 약속'은 조심 또 조심, 확인이 필요하다

"우리 둘이 한잔할까요?" 맘속으로 찜해 둔 그에게 이런 말을 듣는다면 누군들 기쁘지 않으랴? 그런데 대개는 야속하게도 기약 없이 시간만 흘러간다. 이에 가슴 졸이던 여성이 용기를 내 물어본다. "그 얘기 어떻게 된 거예요?" 어라, 남자의 반응이 이상하다. 당최 무슨 얘기를 하는 건지 모르겠다는 듯 어안이 벙벙한 모습.

당신은 이런 경험이 없는가? 어째서 찜한 그 남자와의 데이트가 불발로 끝났을까? 이유는 하나. 확실히 다짐을 받아 두지 않았기 때문이다. 그가 "한잔하자."고 말을 걸어오면, 그 자리에서 "좋아요. 이번 주에 가요."라며 바로 수첩을 꺼내 스케줄을 짜게 해야 한다. 남자들은 여자들이 상상할 수 없을 만큼 건망증이 심하다. 이름하여 망각의 동물이랄까? 그러니 상대가 아무리 젊더라도 '아저씨'를 상대하듯 몇 번이고 확인을 거쳐 메모하게 해야 한다.

캐나다 워털루 대학의 로스 교수는 약 100쌍의 부부를 대상으로 지금까지 몇 번이나 말싸움을 했는지, 어떤 데이트를 했는지, 어떤 장소에 여행 갔는지 등을 생각해 내도록 했다.

그러자 모든 항목에 있어서 아내 쪽이 월등히 분명한 기억을 가지고 있었다. 반면 남편들은 "글쎄 그런 일도 있었나?"를 연발했다고 한다.

남자들은 툭 하면 잊어버리고 약속을 내팽개친다. 이 때문에 여자들은 '남자들은 거짓말쟁이, 못 믿을 존재.'라 생각할 수도 있지만, 남편 입장에서 보면 거짓말을 한 것이 아니라 단순히 깜빡한 데 지나지 않는다. 결혼기념일이건 둘만의 특별한 기념일이건 간에 대부분의 남자는 기억을 못 한다. 따라서 확실히 집어 주지 않으면 기념일인데도 빈손으로 돌아오는 남편 덕에 속깨나 썩게 된다. 그렇다고 이런 일로 남자들을 고문한다는 것도 딱한 노릇.

남자가 말로 약속을 하려 하면, 얼른 나서서 확인시켜 주자. "여행 가자."라고 하면 "언제?" 바로 이렇게! 스타일 구길까 걱정할 필요 없다. 기대했던 만큼 실망하고 속 썩는 것보단 훨씬 낫지 않은가? "○○CD 진짜 죽여 줘. 다음에 사 줄게."라는 말이 나왔을 때 "어머 정말?"이라고 반응해서는 그 CD 구경도 못 하고 끝날 공산이 크다. "어머 고마워. 벌써 듣고 싶네. 내일 사 주면 안 돼?"라고 구슬려서 재촉하는 것이 이득이다.

남자가 하는 말을 100% 믿고 기다려선 안 된다. 그들의 구두 약속은 믿을 것이 못 되므로 헛물켜기 싫다면 반드시 확인하라!

귀여운 악녀가 남자를 리드한다

 # 남자를 내 맘대로 조종하는 연애 매너

그의 눈을 자극하라

두말하면 입 아픈 얘기지만 남자란 여자의 '겉모습'을 중시한다.

세인트 존스 대학의 제프리 네비드 박사의 조사에 따르면 남자가 여자한테 요구하는 것 중 첫 번째는 '외모'였다. 역시 그들은 보이는 데 약했다.

말이 난 김에 덧붙이자면 2위 이하는 엉덩이, 다리, 가슴 순.

결국 모두 겉모습이 아닌가? 그런 의미에서 남자를 아찔하게 만들려면 패션이나 외모에서 약간은 화려한 노선을 추구할 것을 권한다. 기본은 역시 섹시 계열. 블라우스 사이로 가슴골을 슬쩍 노출하거나 슬림한 팬츠로 힙 라인을 강조하자. 또는 슬릿이 들어간 스커트로 다리를 드러내는 방법도 좋겠다.

요컨대 포인트는 '맨살'을 철저한 계산 하에 노출하는 것. 겨울철이라면 아무래도 옷차림이 두꺼워질 수밖에 없는데, 이때도 역시 코트

안은 한 겹 가볍게 덜어 낸 패션이 좋다. 코트를 벗는 동시에 '헉' 소리가 나도록 섹시한 분위기를 풍길 수 있을 것이다.

광고 심리학 데이터를 보면 광고에 등장하는 모델이 15~20% 정도 피부를 노출할 때 가장 '섹시'하다는 인상을 준다고 한다. 딱 이 정도 '보여' 주면 남자는 100% 기뻐한다. 단 무조건 드러낸다고 능사는 아니다. 예를 들어 100% 누드에 남자들은 오히려 흥분이 가라앉는다. 노출을 15~20% 선으로 자제할 때 비로소 남성이 끓어오른다고 하므로 주의하자.

또 남자의 흥분을 이끌어 내는 색은 '레드'와 '핑크'이므로 이 색들을 교묘하게 이용해 보자. 백이나 스카프, 어느 작은 한구석에 '붉은' 마법을 쓰는 것이다.

여기서 끝나면 재미없으니 하나 더. 퇴근 후 그이를 만날 땐 화장을 살짝 '진하게' 해보자. 낮이라면 상관없지만, 밤에 보는 옅은 화장은 자칫 칙칙한 인상으로 비칠 우려가 있다. '밤' 거리의 이른바 프로 여성들이 하나같이 짙은 화장을 하는 것도 그 때문이다.

패션의 테마는 '화사한 이미지'로

초상집처럼 분위기가 어두운 여자를 좋아하는 남자는 없다. 남자는 대개 밝은 이미지를 선호하기 때문이다. 그들은 생리적으로 어두운 것에 혐오감을 느낀다. 블랙 패션을 선호하는 여자들도 있는데 아마도 더 슬림해 보이겠다는 계산을 하고 있을지도 모르겠다. 물론 검은 스웨터, 검은 코트, 검은 부츠가 나쁜 아이템이라는 것은 아니다. 하지만 '화사한 이미지'를 살리자는 취지에서 보자면 머리끝에서 발끝까지 검은색 일색으로 휘감아서는 당신에게 득 될 게 없다.

색채 심리학적 관점에서 볼 때, 블랙은 '거절'을 의미한다. 즉 남자를 멀리 도망가게 하는 색이란 말씀. 그러니 올 블랙 패션은 남자들로 하여금 말도 못 붙이게 할 우려가 농후하다.

얼마 전 참석한 지인의 결혼식. 신부 친구들이 약속이라도 했는지 블랙 정장으로 빼입은 광경을 본 적이 있다. 상관 말라면 할 말은 없지만, 검정 일색 들러리들과 즐거운 피로연을 보내고 싶은 남자는 별로 없다는 사실도 알았으면 좋겠다.

그러니 남자가 말을 걸어와 주길 바란다면 화사한 이미지로 승부하라. 좋아하는 색이라고 무턱대고 블랙으로 통일하지는 말라는 것. 블랙 탑을 입었다면 팬츠나 스커트는 화이트를 매치하는 등 밸런스를 생각해야 한다. 새하얀 셔츠에 베이지색 스커트도 무난하지 않을까?

남자들은 여자들의 셔츠 차림에 자극을 받는다. 단정한 옷차림인데도 '섹시함'이 느껴지니까. 여기에 단추를 여분으로 하나 정도 열어 두면 더 말할 것도 없겠지? 셔츠 컬러는 물론 화이트나 베이지 등 누드

계열이 최고다.

또 남성에게 환영받는 테마는 '화사함'이다. 상의에 오렌지, 레드, 핑크 등을 응용하면 손쉽게 연출할 수 있다. 검은 터틀넥 스웨터에 화려한 스카프나 숄을 걸치는 것도 센스 만점 코디법!

최근에는 팬츠룩에 열광하는 남자도 증가 추세지만, 여성스러움을 어필하겠다면 미니스커트가 절대적으로 유리하다. 굽 높이는 가장 예쁘게 걸을 수 있을 뿐 아니라 다리도 제일 예뻐 보이는 5cm가 적당하다. 킬힐을 신고 예쁘게 걷는 여자, 거의 없다. 따라서 포인트는 '과하지 않은 섹시함'과 적당 선을 유지한 화사한 느낌이다.

샌디에이고 주립대학의 세반 조교수는 "섹시함을 강조한 광고가 중성적 느낌의 광고보다 남성의 시선을 세 배 이상 끈다."라고 지적했다.

역시 중요한 건 섹시함이다.

여자는 긴 생머리가 최고다!

헤어스타일에 관해서라면 다양한 의견이 있겠지만 여자는 뭐니 뭐니 해도 긴 생머리가 아닐까? 묶거나 올리는 변형이 가능하므로 다양한 헤어스타일을 연출할 수 있기 때문이다. 남자 중에는 "쇼트커트가 아니면 절대 안 돼."라고 고집하는 이들도 있긴 하겠지만 가장 일반적인 얘기를 하면 남자는 대개 긴 생머리를 좋아한다.

영국에서 한 가지 실험을 했다. 남자 5,214명에게 긴 머리 여자와 짧은 머리 여자 중 어느 쪽이 섹시하게 느껴지느냐고 물었다. 그러자 74%가 긴 머리라고 답했으며 짧은 머리라고 답한 남자는 달랑 12%였다. 나머지는 특별한 취향이 없다고 답했다.

긴 머리는 남자들에게 섹시한 기분을 불러일으킨다. 영국 조사이긴 하지만 분명히 우리나라도 같은 결과가 나올 것이다. 만나는 사람마다 짧은 머리가 잘 어울린다 칭찬한다고 짧은 머리를 하시겠다? Oh No~. 짧은 머리가 어울린다면 긴 머리는 더 예쁘지 않을까?

남자들은 찰랑거리는 긴 머리를 보면 쓰다듬고 싶어 안달이 난다. 왜냐고? 자기한텐 없기 때문이다. 인간에게는 기본적으로 '자기가 못 가진 걸 부러워하는' 본능이 자리 잡고 있기에 남자들은 자기에겐 없는 여성스런 특징에 매료되는 것이다. 그렇다면 남자들이 좋아하는 여성스런 특징은 뭘까? 바로 '봉곳한 가슴', '탱탱한 엉덩이', '긴 머리'다. 이것이야말로 신이 내려 주신 보물 3종 세트가 아니겠는가.

그러니 헤어스타일로 섹시한 분위기를 어필하기 위해서도 긴 머리를 강추한다. "짧은 머리가 손질도 쉽고 편해." 그런 슬픈 애길랑 그만두자. 여자가 아니었다면 누릴 수 없는 결정적 무기를 썩히는 건 너무 아깝지 않은가? 또한 머리를 기르면 온갖 작전이 가능한 걸? 예를 들어 그이를 유혹할 테크닉으로 머리칼을 쓸어 올리는 동작이 있겠다(전문 용어로는 hair flip, 손으로 머리를 쓸면서 고개를 뒤로 젖히는 동작─옮긴이). 샴푸 광고 등에서 자주 등장하는 제스처다. 손을 목덜미 쪽으로 감아 가볍디가볍게 머리칼을 쓸어 올리는 동작에 그이의 심장은 요동치는 것이다. 쇼트커트라면 어림 반 푼어치도 없을 일!

염색, 브릿지, 펌에 관해서라면 의견이 분분하겠지만 기본적으로는 자연스러운 블랙이 최고다. 또 언제나 같은 스타일을 유지할 수 있도록 적어도 한 달에 한 번은 미용실에 들러 머리를 다듬어 주자.

거듭 말하지만 여자의 매력은 가슴, 엉덩이, 머리칼로 집약된다. 그러니 절대 소홀해선 안 된다. 더욱이 가슴이나 엉덩이의 경우, 기본적으로는 변형이 불가능하다. 기껏해야 브래지어에 뽕을 쑤셔 넣거나, 엉덩이 포켓이 위로 올라붙은 진을 입고 '힙 업 효과'를 노려보는 정도랄까? 하지만 머리카락은 기르겠다고 맘만 먹으면 누구라도 가능하다.

바로 이런 수월한 점 때문에라도 그의 마음을 훔칠 긴 머리가 필요한 것이다.

향수로 얼을 빼라

남자는 향수에 약하다. 여자가 좋은 향기를 풍기면 혈기왕성한 젊은 남자들은 정신을 못 차린다. 향기에 취해 '좋은 냄새=좋은 여자'라고 생각하는 건지도 모르겠다. 그러니 가급적 남자가 좋아할 만한 향수를

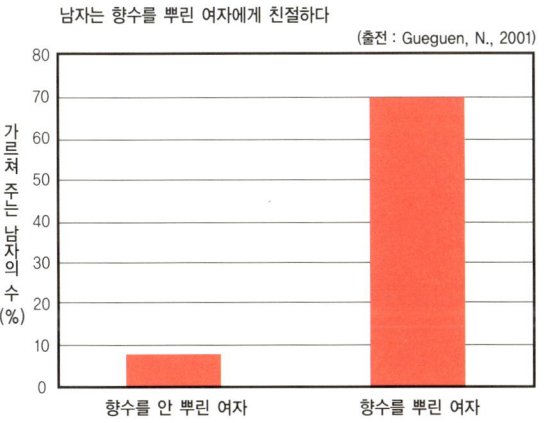

골라라.

필자도 전문가가 아닌 터라 어떤 브랜드의 향수가 좋은지는 조언해 주기 어렵다. 하지만 심리학자 입장에서는 달콤한 과일 향이 효과적이지 않을까 싶다.

프랑스 심리학자인 니콜라스 가겐이 재미있는 실험을 했다. 우선 그는 여자 아르바이트생 네 명을 고용해 도로를 걷게 했다. 그러고는 남자가 지나갈 때 장갑을 떨어뜨려 10초 이내에 남자로부터 장갑이 떨어졌다는 말을 들을 수 있는지 관찰했다. 네 명의 아르바이트생은 향수를 뿌리기도 하고 안 뿌리기도 했다. 그런 식으로 남자들의 도움을 얼마나 받을 수 있을지를 알아본 것이다. 결과는? 그래프에 나타난 대로 엄청난 차이가 나타났다!

이 실험에서 알 수 있듯이 남자가 친절하게 해 주기를 원한다면 향수를 꼭 뿌려라. 그렇다고 코를 찌르도록 듬뿍 뿌려선 곤란하다. 택시 옆자리에 올라탔을 때 은은하게 공기를 타고 전해지는 정도가 딱 좋다. 반경 5m 내에 접근하기만 해도 '확' 풍긴다면 볼 것 없이 NG. 그렇게 향수 범벅이 되기 싫다면, 향수병을 눈높이로 들어 올려 허공에 스프레이한 뒤, 그 속을 통과하라. 실수 없이 은은한 향을 풍기는 데 쓸 만한 아이디어다.

다만, 상대가 향수에 아무런 흥미를 안 가져 준다는 생각이 들면 그때는 한 단계 적극적으로 공격하도록. "향수 바꿔 봤는데 어때?" 당신이 이렇게 직접적으로 묻게 되면 그는 당신의 목덜미 언저리, 또는 팔에 코를 갖다 댈 수밖에 없다.

유혹하라. 그러면 에로틱한 무드가 펼쳐질 것이다.

남자는 '엉덩이 무거운 여자'를 싫어한다

Cabin attendant. 우리말로는 객실 승무원, 흔히 스튜어디스라고 하는 이 직업의 특징은 승객이 떼를 써도 웃는 얼굴로 대응해야 한다는 것이다. 힘들고 어려운 직업이지만 남자들의 '동경의 대상'이라는 점에서 악녀들은 주목해야 할 것이다. 어째서 그녀들은 남자 승객들의 시선을 한몸에 받는가? 필자는 이 장에서 객실 승무원의 매뉴얼을 공개해, 남자를 매료시키는 악녀의 테크닉으로 응용해 보고자 한다.

객실 승무원들은 승객들이 약간 억지를 부려도 어느 정도까지는 받아 주도록 교육받는다. 예를 들어 "○○술 없나? 그걸로 줘."라는 승객에 대한 응대. 사실 직업이다 보니 어떤 술이 기내에 비치되어 있는지 정도는 눈 감고도 알고 있는 그녀. 만약 그 술이 없다면 "없습니다."라고 잘라 버리면 될 일이다.

그렇지만 기내에 없는 술을 요구하는 승객에게 "잠깐만 기다려 주십시오. 즉시 확인해 드리겠습니다."라며 일단은 승객의 체면을 세워 주라는 것이 매뉴얼의 가르침이다. 그런 후 잠시 시간이 지나고 나면 돌아와서 "죄송합니다. 구비되어 있지 않네요."라고 사과를 하는 것이다. 확인하러 갈 필요도 없었으면서 "하늘 날다 말고 어디서 구하겠어요? 하지만 고객님의 요구에 응대해 드렸습니다."라는 것을 어필하기 위해 날렵하게 조치를 취한 척하는 것이다. 이 법칙은 상당히 폭넓게 응용된다. 당신의 그이가 갑자기 아이스크림이 먹고 싶다고 한다 치자. 당신은 냉장고에 아이스크림이 없다는 것을 알고 있으니, "그런 거 없어."라고 할 수도 있다. 하지만 승무원 매뉴얼이 가르쳐 주지 않았는가? "잠깐만 기다려. 찾아볼게."라며 바람처럼 몸을 일으키는 작전이 당신의 주가를 올리는 길임을 명심하자. 물론 없던 아이스크림이 생길 리도 없으니 "젤리 있는데 먹을래?"라거나 "과일이 있네."처럼 대안을 제시한다면 한층 센스 있는 여자라고 생각할 것이다.

직장에서도 활용해 보라. 남자 상사가 "그쪽에 팩스를 보냈던가?"라고 혼잣말처럼 얘기할 때 얼른 "확인해 보겠습니다!"라고 대답하라. 바로 이런 경쾌함과 민첩함에 주위 사람들도 덩달아 상쾌해진다. 울먼과 프랭크라는 미국의 정신과 의사들은 '남자는 엉덩이가 가볍고 일 처리가 시원시원한 여자에게 끌리는 법' 이라고 말했다.

"아이고, 귀찮아~."가 절로 입에서 흘러나온다고? 걱정하지 마시라. 객실 승무원 노릇도 그의 마음을 휘어잡을 때까지만이다. 일단 당신 손에 올려놓고 결혼까지만 끌고 갈 수 있다면, 칠칠치 못하고 엉덩이 무거운 여자로 다시 복귀할 수 있다. 그러니 조금만 참자.

'손가락'을 잘 놀려라

데이트가 무르익으면 손잡는 일 정도는 연인들에게 사건도 아니다. 하지만 이때도 테크닉이 필요하다. 기교도 애교도 없이 덥석 잡기만 해서는 마음을 휘어잡기 어렵다. 악수하듯 부여잡는 것은 연애 초보나 하는 짓. 어차피 잡는 손, 미묘하게 힘을 넣었다 뺐다 하면서 움직여 주는 것이 포인트다.

연애의 달인이 되고 싶다면 화려한 '손가락 놀림'으로 남자의 마음을 녹여 버리자. 원래 손을 잡으면 마음도 상당 부분 흔들리게 되어 있다. 교통사고 등으로 깊은 혼수상태에 빠진 환자들도 손을 잡아 주면 심박과 뇌파가 높아진다고 한다. 뉴욕 대학 간호학부의 돌로레스 클리거 교수는 환자의 치유를 촉진시키기 위해 환자의 손을 부드럽게 쥐는 간호법을 개발했을 정도다.

남자와 손을 잡을 때는 손가락을 휘어 감듯이 '손가락 끝 놀리기'를 실천해 보자. 엄지손가락의 배 부분으로 그의 손등을 쓰다듬는 등 계속해서 '움직여 줌으로써' 고정된 악수 포지션을 유지하지 말 것. 겨울에 손이 차가울 때는 주무르듯 마사지를 해 주자. 지긋이 힘을 넣어서 손바닥 전체로 마사지하는 기분으로. 차가운 손이 온기를 되찾으면 마침내 성공이다. 분명히 그는 손의 온기를 넘어 당신의 따뜻함까지 함께 느꼈을 것이다.

여자가 '손가락을 잘 놀리면' 남자는 같이 산책하는 것만으로도 만족을 느낀다. 한번 손가락으로 대화하는 친밀감을 맛본 남자라면, 그저 손을 잡기만 하는 여자에 대해서는 무미건조하다고 생각하게 되겠지? 영화를 볼 때도 마찬가지다. 그가 당신의 손을 잡으면 잊지 말고 손가락을 움직여라. 영화 내용이야 안 보면 어떤가? 손가락 끝에 마음을 집중해서 그의 손 위로 당신의 손가락이 기어 다니게 하라. 에로틱한 기분을 만끽할 수 있다.

클리거 교수도 얘기했지만 손을 잡는 행위 자체에 이미 그의 가슴은 두근거린다. 하지만 거기에 부드러운 '손가락 놀림'을 추가함으로써 더욱 그를 흥분시킬 수 있다는 점을 명심하자. 참고로 이 방법은 섹스가 끝난 후에도 써먹을 수 있다. 섹스가 끝난 후 그가 황급히 침대를 떠나지 않도록 그의 손을 잡고, 손끝을 움직여 만족하게 하는 것이다.

정신의학자 마크 H 홀렌더는 여자가 섹스를 원하는 진짜 동기는 성교 자체가 아니라 애무를 받고 싶기 때문이라고 했다. 그래서 여자는 섹스가 끝나도 여운을 느끼고 싶어 한다. 반면, 남자는 사정과 동시에 만족을 느끼기 때문인지 침대를 급히 떠나려 한다.

그러니 섹스가 끝나면 그의 손을 잡아라. 당신이 손가락을 잘 움직인다면 그가 서둘러 일어서지는 않을 것이다.

소파와 의자의 등받이는 '장식'일 뿐이다

누구나 생활 속에서는 선 자세보다 앉은 자세일 때가 잦다. 따라서 악녀라면 의자에 앉을 때 어떻게 하면 '매력적으로' 보일지를 연구해 둘 필요가 있다.

우선 중요한 것은 의자에 앉을 때 얕게 걸터앉아야 한다는 것이다. 왜냐? 살짝 걸터앉아야 등이 곧게 펴지면서 우아한 느낌을 낼 수 있기 때문이다. 그다음은 몸이 앞으로 기울어지지 않도록 가슴을 편다. 이렇게 하면 아무리 못난 여자라도 예쁜 자세를 만들 수 있다. 의식적으로 허리를 펴게 되면 가슴이 위로 치켜 올라가면서 'S라인이 잘 드러나는' 효과를 거둘 수 있기 때문이다.

그뿐 아니라 등이 굽지 않으니 움츠러든 느낌도 들지 않는다. 따라서 의자에 등받이가 있어도 그건 단지 장식이라고 생각하자. 세련된 프랑스의 파리지엔을 연기 한다 생각하고, 세련미를 풍기라는 말씀이다. 등받이에 체중을 실은 채 퍼져 앉아서는 '아줌마' 냄새밖에 못 풍긴다.

그다음은 방향이다. 남자의 맞은편에 앉을 때는 살짝 옆으로 비껴 자리를 잡자. 그의 시야에 '당신의 다리'가 들어오도록 위치를 잡으라는 것. 그러려면 몸이 정면을 향하더라도 다리는 그의 눈앞으로 빼 주는 센스를 잊어선 안 된다!

다리는 측면보다 정면에서 봤을 때 더 '가늘어' 보인다. 그러니 정면에 앉은 그는 눈앞에 뻗어 있는 당신의 다리가 대단히 가늘다고 느끼게 될 것이다. 무릇 남자란 여자의 다리에 흥분을 느끼는 법. 테이블 아래로 감추기는 너무 아깝지 않은가? 다리는 당신의 무기다. 마음껏 휘둘러라.

참고로 한 가지 더! 앉을 때는 엉덩이 중앙에 무게 중심을 주면 안 된다. 좌우 어느 한 쪽으로 중심을 조금만 더 실어라. 그러면 허리라인이 살아나면서 섹시하게 보일 것이다. 모델이나 안내원들도 남자들의 시선을 끌기 위해 의식적으로 이렇게 앉는다니 참고할 만하지 않을까?

남자를 유혹하려면 침대에 고개를 묻고 뒹굴어 보자

남자가 숙맥이면 섹스는커녕 스킨십에도 발전이 없다. 내심 기다리는 여자 입장에선 답답하기 그지없는 일. 억지로 덮치려 드는 남자도 싫겠지만 전혀 손도 안 댄다면 그것도 적잖은 문제 아닐까? 그래서 이 장에서는 남자를 유혹하는 비결을 전수한다.

거두절미하고 첫째, 그의 방에 놀러 가면 침대에 고개를 묻고 뒹굴뒹굴해 보자. 이때 포인트는 '고개를 묻고'다. 침대 귀퉁이에 살짝 걸터앉거나, 하늘을 보고 대자로 눕는 것이 아니라 '엎드리라' 라는 것! 왜 엎드려야 하느냐고?

상상해 보라. 여자가 침대에 엎어진 모습을. 등줄기를 따라 힙에 이르기까지 이른바 '비너스라인' 이 완만하게 드러날 텐데, S자 라인을 드러낸 여자를 눈앞에 두고 욕망이 끓지 않는 남자가 있을까? 만약 그 위로 올라타고 싶은 욕구가 없다면 그 남자는 게이다.

남성용 잡지만 봐도 그렇다. 그라비아(일본의 영상물 산업 중 하나, 여성의 비키니 차림이나 세미 누드를 찍은 영상물 혹은 화보집)라 불리는 화보 모델 대부분은 '엎드린' 자세다. 결코 하늘을 향해 바로 눕지 않는다. 그런 자세에는 흥분하지 않으니까. 카메라맨들도 꼼꼼하게 계산한 것이다.

당신이 엎드려 뒹굴뒹굴하고 있으면, 다가온 그가 당신의 등 뒤에

손이라도 올릴 것이다. 안 올릴 땐 이렇게 말하라. "나, 등이 좀 굽었나?" 그렇게 올리게 하면 된다. 한술 더 떠 마사지를 해 달라고 할 거면 이왕 만지게 할 거 힙 언저리까지 터치하게 하라. 단, 힙 주위에는 진짜 성감대가 포진해 있을 수 있으니, 허리를 주물러 달라고 하면 될 것이다.

이런 작전이면 당당하게 '만져도 돼.'를 선포하는 셈이 되며, 이 작전에 안 만지겠다는 남자는 없다. 터치했는가? 그럼 이제 "간지러워~."를 연발하며 그에게 엉겨 붙자. 이 단계에서 이미 애무는 시작될 테니 그다음은 순조롭게 흘러갈 수 있겠다.

침대 위 장난이 섹스로 이어진다면 100% 자연스러운 전개, 만족스러운 유혹이 될 것이다.

단 침대가 아니라 바닥에 엎드렸다가는 섹스와 함께 맨바닥의 단단함까지 경험할 수 있다. 독특한 경험이 권태기 커플에게는 효과적일 수 있지만, 시작 단계라면 기본적으로 침대가 좋을 테니 아무쪼록 장소를 잘 찾기 바란다.

찜한 남자만 '차별 대우'하라

남자에게 구원의 마돈나란 '상냥하고 애교 넘치는 여자'다. 그들은 이런 여자를 애지중지하게 마련이다. 그런데 이런 여성에게는 문제가 있다. 바로 '좀처럼 애인이 생기지 않는다는 것'.

왜 이런 일이 생기는 걸까?

정답은 하나! 모두에게 '지나치게 평등' 하기 때문이다. 모든 남자에게 친절하게 대해 주면 당신의 표적이 누구인지 알 수가 없어지고, 그래서 그들도 서로 미루고 양보하다 결국 '흐지부지' 끝나고 마는 것이다. 빛 좋은 개살구가 바로 이런 경우가 아닐까?

회사에서도 그렇다. 모든 남자 사원에게 상냥한 여자는 '사내의 꽃'이라 불리지만 그뿐이다. '우리 서로 손대지 말자.' 라는 불가사의한 신사협정이라도 맺은 것처럼 그들은 마돈나를 외롭게 만들어 버린다. 따라서 정말 마음에 드는 남자가 있다면 그 남자에게만은 '차별 대우'를 해야 한다.

찜한 그에게만은 더 밝게 인사한다거나, 커피 서비스를 해 주는 등 차별을 통해 다른 남자들도 눈치챌 수 있게 해야 한다는 것이다. 그래야 주위 사람들도 나서서(당사자에겐 고맙기 짝이 없는 오지랖이다) 마치 중매쟁이라도 된 양, 둘 사이를 붙여 주려고 할 테니까. 일부러 둘만의 시간을 만들어 주거나, 사람들 앞에서 놀릴 수도 있다.

자, 이럴 때 필요한 것은 "어머, 그런 거 아니에요!"라며 말로는 부인하면서도 마음속으로는 챙길 거 야무지게 챙기는 센스! 상대 입장에서도 당신이 웬만큼 싫지 않으면 이런 일 당한다고 기분 나빠하지 않는다. 오히려 동료의 놀림 속에 점점 본인도 인정하게 되지 않을까? 거기까지만 진척된다면 승리는 당신의 것이다.

심리학적으로 보더라도 좋아하는 남자 차별하기 작전이 얼마나 효과적인지 알 수 있다.

위스콘신 대학의 월스터 교수는 '누구라도 데이트할 수 있다.'는 여자와 '당신 아니면 데이트 안 하겠다.'는 여자 중 어느 쪽과 친밀해지고 싶은지 남자들에게 물어봤다. 그 결과 자기만을 특별 취급해 주는 여자가 훨씬 바람직한 평가를 얻었다.

좋아하는 남자가 생기면 구체적으로 '사랑'의 텔레파시를 쏘아 보내자. 주위에 드러날 정도로 노골적인 특별 대접을 하자. 물론 "사랑해요."라는 직접 고백은 금물이다. 그건 어디까지나 남자가 할 일이니까.

당신의 역할은 지속적인 특별 대접으로 남자가 고백해 오기를 기다리는 것. 멍석은 깔아 주되 '기다림의 미학'을 보여 주다가 결정적인 순간에 내 손아귀에 장악하는 것이 악녀의 작전이다.

스스로 고백해 버리고 칼자루를 넘겨줄 것인가? 앞으로 쭉 그를 좌지우지할 것인가? 선택만 남았다.

노브래지어는 곤란하다

노브래지어 찬양자들은 브래지어가 몸을 억압해서 싫다고 얘기한다. 또 100% 노브래지어는 아니라도 외출 때만 꾹 참다가 집에 들어오면 바로 벗어던지는 일도 있다. 혹시 D컵 가슴에 C컵 브래지어를 착용하는 등 브래지어의 크기가 몸에 맞지 않아 그런 것은 아닐까? 사이즈만 잘 골라도 사실 그렇게 신체를 억압할 일이 없지 않은가? 브래지어를 안 하면 가슴이 처진다는 말도 사실이다. 그러니 예쁜 가슴을 유지하려면 항상 브래지어를 착용하라.

그런데 '노브래지어를 좋아하는' 여자는 남자의 유희 상대가 되기 쉽다는 심리학 법칙이 있다는 사실을 아는가?

웨스턴 일리노이 대학에서 심리학을 전공한 매슈즈 교수는 남자 섹스 파트너를 많이 둔 여성들의 특징을 조사했다. 간단히 말해 쉽게 잠자리를 가지는 여자들의 특징인데, 그 결과 섹스를 쉽게 허락하는 여자들에게는 '노브래지어 선호'라는 특징이 있었다. 노브래지어 상태로 지내는 시간이 길수록 남자 품에 안긴 경험이 많았다는 것.

이 책은 기본적으로 남자를 안달 나게 해서 어떻게 하면 섹스를 안 해 줄 것인지에 기본 초점이 맞춰져 있으므로 그런 의미에서도 노브래지어는 곤란하다. 그도 그럴 것이 섹스가 너무 쉽게 이루어지면 안 되기 때문이다. 아마도 남자의 심리상, 여자가 브래지어를 안 하고 있으면 '왠지 헤픈 느낌'을 가지는 것 같다. 매슈즈 교수의 분석도 같은 결과를 보여 준다.

그러니 노브래지어 습관은 고치는 것이 바람직하다고 본다. 또 집에 혼자 있을 때라면 몰라도 사람들에게 "나 평소에는 노브래지어야."라고 떠들지는 말자. 헤픈 여자라는 걸 광고하는 셈이니 말이다.

참고로 매슈즈 교수는 여자의 유혹에 넘어가기 쉬운 남자의 특징에 대해서도 조사했다. 그들은 바로 '맨발을 좋아하는 남자', '샌들을 좋아하는 남자', '속옷 잘 안 입는 남자'였다. 이런 남자들은 섹스도 가볍게 해치우는 타입이란 얘기다.

당신의 애인은 어떤 타입인가? 만약 앞서 말한 세 가지 유형에 속한다면 섹시한 제3, 제4의 여자와 언제, 어디서 바람을 피울지 모른다. 긴장을 풀지 말고 자나깨나 조심하자.

/ COLUMN /

남자들 80%는 '아담한 여자'를 좋아한다

남자들은 본능적으로 자기보다 '키 작은' 여자를 좋아한다. 심리학자이자 홀리 크로스 컬리지의 교수인 제임스 셰퍼드는 독신 남녀를 대상으로 연구한 결과 남자 80%가 자신보다 작은 여자를, 14%가 같은 키의 여자를, 불과 6%만이 자기보다 키 큰 여자를 좋아한다는 사실을 발견했다. 여자들의 경우 95%가 자기보다 키 큰 남자를 좋아했고, 키가 같은 남자가 좋다는 대답은 3%, 작은 남자가 좋다는 대답은 2%였다.

남자의 80%, 여자의 95%! 이렇게 남녀의 답변이 균형을 이루는 것을 보면 세상의 이치와 섭리가 정말 대단하지 않은가? 뭐 어찌 됐건 남자란 원래 여자보다 체격이 큰 법이니 당신이 찜한 그의 키도 웬만하면 당신보다는 클 것이다.

그런데 만약 모델 뺨치는 키를 가진 당신과 달리 남친이 아담한 키를 가졌다면? 솔직히 해결책은 없다. "날 사랑한다면 20cm만 키를 늘려 봐!"라는 요구를 한다고 그가 들어줄 수 있는 노릇도 아니니까. 당신도 마찬가지다. 늘씬하게 자라 버린 키를 잘라 낼 수도 없지 않은가? 유전이란 건 어쩔 수 없는 부분인 것을. 이럴 때 한 가지 테크닉. 그의 방에서 시간을 보낼 때 무릎을 세워 껴안

듯이 앉아 보라. 이렇게 하면 몸도 작아 보일 뿐만 아니라 남자 눈에는 더 할 수 없이 귀여워 보인다. 게다가 스커트를 입고 있다면 허벅지 사이로 살짝 속옷이 보이면서 굉장히 섹시한 분위기마저 연출할 수 있다.

사실 키는 데이트에서 차지하는 비중이 그렇게 크지 않다. 그러니 '내 키는 도대체 왜 이렇게 큰 거야!' 따위로 좌절할 이유는 없다. 당신의 성격, 당신의 사랑스러움으로 얼마든지 승부할 수 있다. 연애를 성공시키는 데 있어서 키의 영향이 없는 것은 아니지만, 굳이 따지더라도 비율을 운운할 수 없을 만큼 미미한 정도다. 따라서 신경 쓸 것 없다. 게다가 남자 중에는 6%밖에 안 되기는 하지만 키 큰 여자를 좋아하는 부류도 있다. 그런 남자를 찬찬히 찾아보는 것도 의미 있는 작업 아닐까?

눈에 띄기만 하면 얼마든지 맘대로 조종할 수 있는 것이 바로 당신! 키, 얼굴, 체중은 기본적으로 크게 바꿀 수가 없다. 바꿀 수 없는 것들로 끙끙대며 콤플렉스를 느끼기에는 젊음이 아깝다. 차라리 어떤 수단과 방법으로 남자를 유혹할지 연구하는 편이 훨씬 건설적일 것이다.

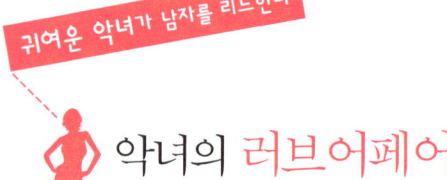

악녀의 러브어페어

귀여운 악녀가 남자를 리드한다

안아 준다고 안기면 아마추어다

자고로 여자란 '튕겨야 맛' 이다. "싫어!", "몰라!" 하면서 내숭 떠는 여자, 자신감 넘치는 도도한 여자, 쉽게 마음 안 주는 여자. 이 모두가 '튕기는 여자' 와 동급 표현이 아닐까? 속설이라고 무시할 얘기만은 아니다. 안아 준다고 바로 안기는 여자보다는 한발 물러서는 편이 훨씬 예뻐 보이는 것은 만고의 진리니까.

공원 벤치에서, 또는 침대 앞에서 그가 다가오는 상황을 상상해 보라. 어떤 순서로 어떻게 공략해 오는지는 남자에 따라 다르겠지만, 폭행이 아닌 이상 느닷없이 당하는 일은 없을 터. 손을 잡고, 어깨를 감싸다가 몸으로……. 어쨌든 일련의 단계를 거치게 마련이다. 다가오는 그로서도 싫어하진 않을지 조금씩 떠보는 기분으로 접근한다는 것을 잊지 말자. 사실은 그도 엄청나게 긴장한 상태. 이쯤 되면 누구나 '드디어 시작인가?' 싶은 생각이 들 것이다.

경우에 따라서는 '어서 안아 줘.' 라는 생각이 들 수도 있다. 하지만, 제풀에 무너져 내리면 재미없다. 절대 두 팔 벌려 그를 안아 줘서는 안 된다. 기다렸다는 듯이 받아 주면 상대의 흥을 깰 수도 있다는 말씀. 따라서 그가 안으려 들면 일단은 몸을 빼고 보자.

물론 이런다고 그의 성 충동이 금방 가라앉는 것은 아니다. 여자가 몸을 빼려고 하면 할수록 남자는 더 강렬하게 원하게 된다. 그가 팔에 잔뜩 힘을 넣고서 당신을 끌어당기면 그때 가서 신체 중심 중의 '상반신' 만을 그에게 기대도록 한다. 너무 저항하면 정말 싫어하는 것으로 오해할 수도 있으니 주의할 것.

그런데 이때 중요한 것은 '상반신' 만 맡긴다는 사실이다. '하반신' 특히 '허리' 주위가 그의 몸에 닿아서는 안 된다. 왜냐? 서로의 하반신이 맞닿으면 그를 과도하게 흥분시켜 당장에라도 끝장을 보고픈 충동을 일으킬 수 있기 때문이다. 그가 허리를 들이대려는 순간 어서 몸을 빼는 것이 좋다. '워워~, 아직은 아니지. 풋내기야.' 라고 가르쳐 주지 않으면 남자들은 허겁지겁 실행에 옮기고 마는 족속이다. 포근한 순간을 길게 즐기고 싶다면 '상반신' 만 맡긴다는 게임의 룰을 기억하라.

연애 초기 단계라면 그에게 안길 때 가슴 앞으로 두 손을 모으는 작전도 효과적이다. 이렇게 하면 그의 팔이 당신의 몸을 완전히 감싸기 어렵기 때문에 힘만으로 어떻게 해보기는 더 어려워진다. 하지만 이렇게 해야 점점 더 사랑스럽고 훨씬 강하게 끌어안고 싶은 마음이 솟구치게 됨을 명심하라.

겉옷과 속옷, 엣지 있게 '벗겨지는' 테크닉

여자의 옷을 벗긴다는 것은 남자에게 가장 흥분되는 행위다. 실제 삽입하는 순간보다 이 순간이 훨씬 흥분된다는 남자도 많다고 한다. 특히 첫 관계라면 이 여자의 가슴이 어떻게 생겼을까, 힙은 어떨까 등 온갖 상상을 하는 것이 남자다. 가슴이 터질 듯 두근거리는 것은 이제 곧 섹스가 시작된다는 기대감 때문일 것이다.

그런데 호텔 또는 방에 들어서자마자 휙휙 옷을 벗는다면? 배신감에 정말로 힘이 빠질 수도 있다. 코트는 물론 부츠까지도 안 벗고 수줍게 머뭇거리는 여자와 비교하면 흥분 지수가 하늘과 땅 차이가 아닐까? 서양 속담에 '여자의 수치심은 옷과 함께 벗겨진다.'라는 말이 있다. 그런데 요즘은 옷보다 수치심을 먼저 벗어던지는 여자들이 적지 않다. 이래서는 긴장감도 설렘도 기대할 수 없을 것이다. 적어도 상대가 옷을 벗겨줄 때까지는 수줍음을 유지하는 것이 신비스럽다. 물론 한창 작업이 진행되는 중에도 수줍음을 잃어선 곤란하겠지만 말이다.

본론으로 들어가자. '탈의'에도 매너가 있다. 적어도 제 손으로 훌렁훌렁 벗는 것이 아니라 상대로 하여금 하나하나 벗기도록 해야 한다.

이런 청초한 숙녀 이미지는 나중을 한층 무르익게 한다. 그가 블라우스 단추에 손을 대면 일단 온몸을 긴장시켜라. 그에게서 약간 떨어지는 것도 좋겠다. 왜 그래야 하느냐고? 남자들은 여자들의 이런 행동에 에로틱한 감정을 느낀다. 그렇게 서서히 겉옷이 제거되고 속옷까지 접근해 온 순간에도 가볍게 손을 밀면서 '수줍음'을 어필하는 작전이 먹히는 것도 같은 이유 때문이다.

참고로 얘기해 둘까? 옷을 벗을 때는 반드시 엉덩이에서 걸리게 되어 있다. 이때 '그가 고생하지 않게' 엉덩이를 살짝 들어 올려 주는 오지랖 넓은 센스 따위를 발휘하다가는 그의 환상을 와장창 깨버릴 수 있다는 사실을 기억하라. 숙녀는, 아니 악녀는 그런 짓을 하지 않는다. 하다 하다 못 벗겨서 그의 이마에 진땀이 흐르면 그때 가서 한쪽 무릎을 세우듯이 구부려 준다. 그러면 그의 고생도 약간은 덜고, 당신도 스타일 구길 일 없을 것이다.

섹스의 주도권을 뺏어라

그레이 미첼이라는 심리학자는 연구 끝에 '여자의 1/4은 의무감으로 섹스를 한다.'라는 결과를 발표했다. 4명 중 한 명이 섹스를 즐기지 못하고 있다는 얘기다.

샌프란시스코 주립대학 임상심리학과의 애드 교수는 여성의 46%가

섹스와 관련해 불만을 안고 있음을 밝혀낸 바 있다.

이 결과대로라면 섹스에 만족하는 여자는? 거의 두 명 중 한 명꼴 밖에 안 된다는 얘기인데, 왜 그런가 하니 상대남의 페이스에 휘둘리기 때문이란다. 대개 남자들은 너무나도 성급해서 여자가 흥분하기도 전에 종종 '게임 오버'를 선언한다. 따라서 지금부터는 어떻게 하면 당신이 섹스의 주도권을 쥘 수 있을지에 대해 충고하려고 한다.

모처럼의 기회를 영리하게 즐기면서 그의 마음도 붙들어 두기 위해서 절대적으로 필요한 지식 대공개! 우선 오럴섹스다. 흔히 남성이 여성의 성기를 입과 혀로 자극하는 오럴섹스를 일컬어 쿤닐링구스라고 한다. 여자 입장에서는 대단히 기분 좋은 성애 기술 중 하나로 알려져 있다. 가장 민감한 성감대인 클리토리스와 질 입구가 짜릿한 자극을 받으니까. 그렇다면 남은 건 그가 충분히 핥아 주게끔 만드는 것. 다만 남자의 심리를 고려할 때, 얼굴이 성기를 향해 다가가는 순간 상대녀가 양다리를 쩍 벌리거나, 강요당하는 분위기가 되어서는 달아올랐던 무드도 차갑게 식어 버릴 가능성이 있다.

그럼 방법은? 그의 얼굴이 그곳으로 다가갈 때, 몸을 살짝 비꼬아 수줍은 여심을 전하는 것. 꽈배기를 꼬듯 몸을 비틀어 그의 얼굴에서 살짝 멀어지는 것이다. 그의 눈높이에서 보면 '가슴 졸이기 최강의 작전'되시겠다. 물론 몸을 꼬아 피한다고 해서 쿤닐링구스를 그만둘 남자는 없다. 거꾸로 더 흥분해서 당신에게 달려들 게 뻔하다. 평소에 1, 2분 정도로 대충 끝내던 그이라도 당신이 '도망치는' 척을 하면 오히려 달아올라 몇 십 분이라도 혀와 입술의 대공세를 퍼부을 것이다. 이때 수줍음을 타는 듯한 적당한 '연기'를 양념으로 곁들이면 그의 공세는 더욱 긴 시간 지속될 것이다.

참고로 쿤닐링구스를 대놓고 요구하는 것은 별로 효과적이지 않다. 핥으라는 주문을 받으면 대부분의 남자는 움츠러들 뿐 아니라 싸늘하게 식을 가능성도 있다.

기본적으로 '기다리는' 자세를 유지하면서 즐기는 것이 악녀의 비결임을 명심하자.

손가락을 잘 놀리면 그가 변한다

여자가 클리토리스와 성기를 애무받을 때 기분이 좋은 것처럼 남자도 페니스를 애무해 주면 대단히 행복해한다. 그런데 이때 제일 먼저 기억해 둘 것은 당신이 먼저 나서서 만져 줘선 안 된다는 것이다.

부끄러움도 없이 스스로 손을 뻗는 것은 룰 위반! 그가 유도할 때까지는 먼저 접촉하거나 자극을 줄 필요가 없다. 빳빳하게 발기한 페니스를 만져 달라고 그가 당신의 손을 이끌 때까지 기다리자. 어디까지나 '수동'적인 자세로, '쑥스럽지만 그렇게까지 원한다면' 하는 분위기를 유지하는 것이 최고의 작전이다. 터치를 시작할 때도 처음부터 페니스의 끝을 강하게 자극하는 것이 아니라 가볍게 쓰다듬는 정도로 충분하다.

또 하나. 날카로운 손톱이 닿게 되면 너무 강렬한 자극이 주어 아프게 할 수도 있다. 따라서 손바닥 전체로 쓸어 주는 느낌으로 터치하자. 그의 페니스는 단단해 보이지만 사실은 너무나도 섬세하고, 민감한 물건이다. 부드럽게 쓰다듬어 주면 그 물건도 서서히 달아오를 것이다. 그러면 다음 단계로 넘어가도 된다.

다음 단계란 페니스의 아랫면을 자극하는 것이다. 해부학적으로 설명하자면 페니스의 뿌리부터 귀두(맨 끝 부분)까지는 하나의 근육이 이어져 있고 마치 수술 자국 같은 모양을 하고 있다. 그래서 이 부위를 '봉합부'라고도 부르는데, 알고 보면 이 부위가 대단히 연약하다는 사실. 그래서 엄지손가락의 배 부분으로 이 봉합부를 소프트하게 문지르듯 자극을 주면 강한 자극을 줄 수 있다.

자, 한 단계 진도를 더 나가볼까? 이제 페니스를 쥔 손을 가볍게 앞뒤로 움직여 본다. 피스톤 운동을 해 주는 것이다. 처음엔 천천히, 그러다가 조금씩 페이스를 올려 앞뒤로 움직여 준다. 어린 남자라면 이 시점에서 사정을 해 버릴 수도 있으니 반응을 살펴야 한다. 사정을 해 버리면 당신의 즐거움은 날아가 버릴 수도 있으므로 피스톤 운동을 본격적으로 시켜 줄 이유는 없다.

당신의 손가락 놀림이 능숙해지면 그의 반응도 차원이 달라질 것이니 다양한 시도를 해보기 바란다.

'입'은 흥분을 배가시킨다

손을 이용해 페니스 장난을 치고 나면 그는 이제 틀림없이 당신의 '입 운동'을 요구할 것이다. 그것이 바로 이름도 유명한 펠라티오다.

설사 직접적인 요구가 없다 하더라도 마음속 어딘가에서 '입으로 해 주면 얼마나 좋을까?'라고 외치고 있을 테니 기회가 되면 시도해 보시라.

그와의 첫 관계라면 거부감이 드는 것이 당연할 터. 하지만 몇 번이고 뜨거운 관계가 지속된 다음이라면 자연스러워질 것이다. 물론 첫 시도라면 "싫어~."라는 귀여운 거절도 나쁘지 않겠다. 왜냐? 너무 프로처럼 보이는 것도 곤란하니까. 페니스의 끝에 살짝궁 뽀뽀를 해 주거나 혀를 약간만 내밀어 할짝대는 정도면 충분하다. 그 정도로도 그는 좋아 어쩔 줄 몰라 할 것이다. 자신의 그 중요한 부위를 여친이 사랑해 주는데 어떻게 감격하지 않을 수 있겠는가? 상대가 조금만 더 해 달라고 요구해도 역시 끝 부분만을 머금을 뿐 절대 목구멍 깊이 박아 넣어서는 안 된다. 안달이 나게 하면 할수록 남자는 흥분하는 법. 물건의 끝 부분만을 사랑해 줘라. 입속에서는 혀로 굴리듯 장난을 치면 그것으로 당신이 할 일은 다 한것이다.

아차차, 잊은 것 하나. 펠라티오를 할 때는 그 물건의 뿌리 부분을 손으로 꽉 쥘 것. 달아오른 그는 참지 못하고 허리를 놀려 물건을 움직이려 할 것이다. 이때 손으로 꼭 붙들고 있으면 일방적으로 움직이려 들어도 당신이 적절하게 컨트롤할 수 있다. 목적은 그를 조바심 나게 만드는 것이다. 함부로 움직이게 놔뒀다간 목적과 멀어지고 만다.

또 하나. 거친 수컷들은 상대녀의 머리를 부여잡고 억지로 물건을 움직이거나 부여쥔 머리를 흔들려 할 수도 있다. 보나 마나 야동을 너무 많이 본 족속이다. 그렇다고 당신이 포르노 배우를 대신할 순 없는 노릇. 그러니 그 물건의 뿌리를 틀어쥐고 있으면 일단은 안심이다. 그 부위를 쥐고 있으면 또 한 가지 효과를 노릴 수 있다.

힘을 주어 쥐고 있으면 당연히 압박을 받은 페니스는 충혈될 것이다. 그러면 페니스는 점점 격하게 발기된다. 게다가 충혈된 페니스는 민감도도 높아져 한층 쓸모 있는 물건으로 변신하게 된다.

그럼, 입 운동의 방법에 대해 설명해 볼까? 펠라티오를 할 때는 입안에 타액을 모으는 것도 포인트다. 입안이 말라 있으면 그이가 아파할 수도 있다. 여자들도 그곳이 충분히 젖지 않았을 때 무리하게 삽입하려 들면 상당한 통증을 느끼듯이 남자들도 마찬가지다. 따라서 '슬슬 시작해 볼까?' 하는 생각이 들면 먼저 입안이 충분히 적셔진 상태인지를 확인하자. 축축해질 때까지는 손을 이용해 시간을 벌 것.

손으로 놀아 줄 때와 마찬가지로 펠라티오도 그가 사정하기 전에 중단해야 한다. 물론 입안에서 마무리할 수도 있겠지만 당신이 원치 않는다면 그의 몸이 알려 주는 '사정 직전의 사인'을 놓쳐선 안 된다. 대부분의 경우, 수컷들의 '발사'는 그들이 거친 호흡을 내쉬며 '허리를 곧추세우는' 자세와 함께 시작된다. 그런 자세를 취하려고 하면 '사정하고 싶구나.'라는 것을 알아차리고 입에서 물건을 빼면 된다. 그런 다음 콘돔을 씌운 뒤 삽입으로 넘어가면 되는 것이다.

경험이 적고 혈기왕성한 남자일수록 '허리를 곧추세운' 시점부터 사정까지의 시간이 짧은 경향이 있다. 따라서 '조금만 더 놀아 줄까?' 하고 생각하는 사이에 입안에 일을 저지를 수도 있으므로 주의하길.

남은 건 드디어 기다리던 본무대의 테크닉이다.

기대하시라, 개봉 박두!

기본을 튼실하게 – 정상위 테크닉

섹스를 할 때는 수십 가지 체위를 구사할 수 있다. 풍차체위, 인력거체위, 3시체위 등등. 개중에는 '헉!' 소리가 절로 나는 초고난도 체위도 있다. 하지만 여기서는 가장 전통적인 정상위에 대해 살펴보기로 한다. 다양한 체위에 관심이 있는 분들은 미안하지만 다른 책을 참고하시길. 필자도 그쪽은 전문이 아니다. 다만 여성상위에 대해서만은 다음 장에서 설명하기로 한다.

자, 정상위에 대해서 알아보자. 정상위는 누구나 할 수 있을 것 같지만 사실은 그렇지 않다. 여성의 경우 성기의 위치는 저마다 다르므로 첫 관계 때는 그도 단단히 긴장하게 된다. 사실 도마 위 생선처럼 뻣뻣하게 누운 여자에 대해서는 삽입 자체가 난관에 부딪힌다.

이 난관을 극복하려면 허리를 아주 약간 띄워 주는 센스가 필요하다. 여성의 성기는 생각보다 상당히 은밀한 곳에 자리 잡고 있다. 허리 아래로 베개를 받쳐 주는 실질적인 방법도 있지만 제 손으로 베개를 갖다 대기도 민망한 노릇이므로 아주 약간 도와주기만 하면 된다는 말씀. 직업여성이라면 삽입 시 어쩔 줄 몰라 하는 남자를 대신해 직접 물건을 갖다 끼우기도 하겠지만, 그럴 경우 당신을 프로라고 오해할 수도 있으니 따라할 생각은 일찌감치 버려라.

삽입이 완료되면 그의 허리 주위로 당신의 다리를 감아라. 남자들은 짧은 생각으로 피스톤 운동만 하면 그녀가 좋아할 거라고 착각하지만, 단순히 성기와 성기가 부딪히기만 해서는 하나도 좋을 게 없다. 그래서 다리를 허리에 감으라는 것이다. 그렇게 하면 그는 격렬한 피스톤 운동 자체가 봉쇄당하게 되고, 그 결과 미묘한 움직임 또는 회전 운동으로 방향을 선회할 수밖에 없게 된다. 그런데 여자 입장에서는 바로 거기서 쾌감을 느낀다는 즐거운 아이러니를 당신은 알고 있는가? 그도 격한 피스톤 운동이 아니라 점막과 점막이 미묘하게 마찰을 일으키는 행위야말로 쾌감으로 이어진다는 사실을 언젠가는 알게 될 것이다. 단순한 피스톤 운동만으로는 느낄 수 없었던 부분들, 예컨대 그녀의 신체가 반응을 일으켜 풍부한 애액이 분비되는 감각이며 질 속 주름의 감촉들을 알게 되는 것이다. 이 경지에 이르러서야 그도 섹스에 능숙해질 것이고, 동시에 당신도 즐거움을 맛보게 될 것이다.

쾌감을 끌어올리려면 여성상위로 공격하라

정상위만으로는 2% 부족하다고 느낀다면, 바로 그때가 다른 체위를 시도할 좋은 타이밍이다.

어떤 체위가 좋을지 고민 중이라면 필자는 여성상위를 추천하겠다. 속설에도 여성상위가 여성에게 더 많은 즐거움을 준다고 하는데, 여러모로 여성에게는 정석에 가까운 체위라고 본다.

사실 정상위는 남성이 주도할 수 있는 자세라 남성 위주로 흘러가기 쉬워서 여성이 만족하기도 전에 작업이 끝날 가능성이 있다. 전쟁 때 적들이 언제 덮칠지 몰라 일을 재빨리 치르기 위해 이용되던 체위라는 말이 있을 정도라나?

본론으로 돌아가자. 여성상위 체위를 자연스럽게 취하려면 시작이 중요하다. 우선은 전희. 바로 누운 그의 가슴에 엉겨 붙기부터 시작하자. 이렇게 하면 물 흐르듯 내추럴한 분위기 속에 여성상위를 시작할 수 있다. 상체부터 은근히 그의 위로 올라가 가슴과 목덜미에 쪽, 쪽 키스를 해 주며 전희를 즐기게 한다. 그런 다음 천천히 하반신을 붙이면 그의 페니스가 어느덧 당신의 성기를 찾아 헤매기 시작할 것이다. 이 단계가 되면 한 손으로 살짝 페니스를 유도하기만 하면 된다. 단 페니스의 끝이 질 입구를 찾기만 해서는 금방 경로를 이탈하고 말 수 있으니 주의할 것.

그래서 알려 드리는 비결 하나! 당신의 허리를 '깊이 묻는다' 는 느낌으로 아래를 향해 살짝 가라앉혀라. 그러면 질이 페니스를 쏙 끌어당기며 삽입이 쉬워진다. 삽입이 되었다고 몸을 즉시 일으켜 세워서는 안 된다. 그의 몸에 상반신을 착 붙인 채 잠자코 있도록. 그는 더욱 강한 성감을 느끼기 위해 끊임없이 허리를 움직이려 할 것이다. 하지만 당신이 몸을 일으키지 않기 때문에 움직일 수가 없어지고, 답답한 기분이 든다. 정상위일 때도 마찬가지지만, 그가 움직일 수 없도록 물건을 질 속에 가만히 두게 해서 점막 감각을 느끼게 하면, 미묘한 허리 움직임의 중요성을 깨닫게 된다는 사실! 그렇게 충분히 약을 올렸을 때 그의 가슴 위에 손을 올리고 몸을 천천히 일으켜 세운다. 그런 다음 허리를 천천히 돌린다는 기분으로 움직이기 시작하라.

이것이 바로 여성상위의 완성이다. 보다 날카로운 성감을 맛보고 싶다면 자신의 몸을 조금씩 뒤로 젖히기만 하면 된다. 가장 만족스러운 느낌이 드는 각도가 되면 절정이 올 때까지 그 상태를 즐겨라. 당신의 몸이 쾌감을 느끼는 동작이라면 무엇이건 상관없지만, 막상 여성이 허리를 움직인다는 것이 의외로 힘과 체력을 요할 수도 있다. 따라서 남성들이 하듯 피스톤 운동을 하기보다는 그의 치골에 성기를 밀어붙인다는 생각으로 천천히 전후로 움직이기만 해도 좋을 것이다. 앞, 앞, 뒤, 앞, 앞, 뒤의 리듬을 만들면서.

정상위나 후배위('백(back)'이라 부르기도 한다), 그 외 다른 체위들도 대부분은 남성우위의 자세로 그들이 쾌감을 느끼기 좋은 자세다. 그런 면에서 여성상위는 여성들이 우위에 서서 흐름을 주도할 수 있으니 이 얼마나 고마운 체위인가.

섹스 요구, 3번에 한 번은 거절해야 짜릿한 법이다

요즘 여성들에게 '정조'를 얘기하면 고리타분하다는 말을 들을지도 모르겠다. 하지만 당신이 처녀건 아니건 간에 정조 관념이 없는 여자는 그야말로 값싸 보인다는 점을 명심하자.

남자들은 상대녀가 언제 어디서나 섹스가 가능한 상대라는 생각이 들면 남자는 오히려 성욕이 싹 가셔 버린다는 사실을 아는가! 직업여성들은 스스럼없이 옷을 벗고 다리를 벌리지만 그 장면을 보고 흥분까지 하는 남자들은 별로 없다.

역시 '부끄럼'을 아는 여성이 품위가 있기에 끌리는 법이다. 이런 여자가 '진짜 여자'라는 느낌이 드니까. 그런데 그와 점점 친밀한 사이가 되면 무엇보다 '섹스의 횟수'에 주의해야 한다. '항상 하던 코스니까.'라는 생각으로 관계를 맺게 되면 당신의 가치는 끝없이 추락한다.

매주 한 번씩 데이트한다고 치자. 섹스가 가능한 기회는 매주 한 번, 생리 기간을 빼면 매달 세 번이라는 계산이 나온다. 하지만 두 번에 한 번, 또는 세 번에 한 번 정도가 되도록 조정하는 것이 바람직하다. "미안, 오늘은 가족들과 저녁 먹으러 가야 돼." 거짓말로 일찍 귀가하는 것도 나쁘지 않을 것이다. 늦은 시간까지 언제나 데이트가 가능한 상대를 옆에 두고 섹스를 떠올리지 않는 남자는 없을 테니까.

특히 가족을 내세우게 되면 '가정을 중시하는 나름 숙녀'를 떠올리게 할 수도 있다. "무슨 가족이냐?"라고 불평할 남자도 별로 없겠지만, 혹시 불평을 한다면 그런 남자 틀림없이 문제 있으니 하루빨리 헤어지는 것이 상책이다.

플러스 원! 섹스를 할 때도 당신만의 요구를 해라. 샤워 도중에는 절대 싫다거나 조명은 꼭 어둡게 하라거나 싸구려 호텔은 죽어도 안 간다거나 또는 손톱은 깨끗하게 깎으라는 등, 마음껏 응석을 부려도 좋다. 그가 원한다고 해도 절대 손쉽게 얻지 못한다는 걸 인식시키기 위해서라도 중요하다!

섹스라는 건 하면 할수록 짜릿한 자극이 떨어지는 법. 상대가 정해진 한 사람이라면 말할 것도 없다. 감격의 첫 섹스 후 얼마간은 그런 자극과 흥분이 지속하겠지만, 누구나 언젠가는 질려 버린다. 그래서 실패하는 연애도 적지 않음을 명심하자.

아무리 재미있는 영화라도 두 번 세 번 보면 시시해지는 것이 인지상정이다. 섹스라고 다를까? 따라서 지루한 상대가 되기 싫다면 횟수를 대폭 줄여라. 세 번 할 거 한 번 하되 그만큼 농밀하게 즐기는 것이 여러모로 이득이다.

섹스는 '염가 봉사' 품목이 아니다

경기가 나빠지면 온갖 물건들이 가격 파괴의 대상이 된다. 하지만 '싼 게 비지떡'이란 말도 있지 않은가? 만고의 진리다. '손쉽게' 섹스 상대가 되어 주는 여자도 마찬가지. 그때그때 환심을 살 지는 몰라도 남자의 진심을 얻기는 어려울 것이다.

상대에게 섹스밖에 줄 것이 없는 여자는 쉬운 여자로 비칠 수밖에 없다. 이런 경우, 진심으로 존중받고 사랑받는지 곰곰이 생각할 필요가 있다. 단지 남자의 성욕을 해소시켜 주는 출구는 아닌가? 그만큼 남자란 족속들은 성욕이 대단하다. 노스 텍사스 대학의 러셀 클라크 박사는 남녀 제자들을 시켜, 생전 본 적도 없는 낯선 사람에게 "오늘 밤 같이 잘래요?"라고 물어보는 실험을 했다. 결과가 어땠을까? 충격적이게도 69%의 남자가 거친 콧김을 내쉬며 "OK."라고 답했다. 어쩌면 난생처음 보는 여자와도 아무렇지 않게 그럴 수가 있을까? 이 장에서 필자는 섹스의 테크닉에 대해 설명했지만, 정작 분명히 해 두고 싶은 것은 '섹스의 횟수는 줄이면 줄일수록 바람직하다.'는 것이다. 물론 여성에게도 성욕이 마구 솟을 때가 있는 법. 섹스는 나쁜 짓이 아니며, 남녀의 심리적

끈을 대단히 돈독하게 만들어 주는 역할을 하는 것도 사실이다. 그럼에도 불구하고 필자는 '만나면 섹스'라는 공식을 만들어서는 안 된다고 굳게 믿는다. 섹스는 간절한 기다림 끝에 맛보는 것이 좋다.

그가 아무리 매달려도 세 번 중 한 번은 거절하라. 채찍, 채찍, 채찍, 당근, 채찍, 채찍, 당근. 적당히 쥐었다 풀 줄 알아야 능숙한 악녀다.

'닳고 닳은' 여자들은 기본적으로 '말솜씨'로 남자를 녹인 다음, 마지막 무기로 섹스를 활용한다. 능숙한 '말솜씨'와 사랑스러운 몸짓은 중요하지만 섹스 테크닉이 최고라고 믿는 여자들은 단언컨대 아직 아마추어다. '이 여자와 함께라면 섹스가 아니라도 행복하다.'고 느끼게 하는 것이 훨씬 중요하다.

물론 섹스를 억지로 참을 필요는 없으며, 테크닉이라면 앞서 소개한 내용으로도 그를 사로잡기에 부족함이 없을 것이다.

`귀여운 악녀가 남자를 리드한다`

 # 연애의 재미를 키워 주는 일급비밀들

남자의 '친절'에는 꿍꿍이가 있다

남자의 친절……, 여자라면 누구나 마다하지 않겠지만 남자가 필요 이상으로 '친절하게' 군다면 의심해 봐야 한다. '애정'보다는 '뒤가 켕겨서'일 수도 있기 때문이다.

불륜남들이 흔히 그렇듯 뒤가 구리면 구릴수록 보여 주기 위한 친절을 제공하기 마련이다. 이런 행동들을 '사랑받는다'라고 착각하기 때문에 많은 여자가 행복이란 단어와 점점 멀어지는 것이다.

남자가 과도한 친절을 베풀 때는 다른 여자가 생긴 데 대한 미안함을 해소하려는 행동이라고 의심해 보자.

"요새 우리 남편 너무 잘해 준다.", "요즘은 내가 무슨 말을 해도 다 들어줘." 이렇게 좋아할 때가 아니란 말씀!

생각해 보라. 남자들은 기본적으로 구두쇠 기질을 타고난다. 그래서 돈이고 노력을 충분히 풀어놓지 않는 것이다. 그런 그들이 자발적으로 마구 인심을 쓸 때는 마음속에 켕기는 구석이 있음이 뻔할 뻔자 아닌가? 물론 진심일 때도 있다. 바로 이 책의 테크닉을 제대로 실행에 옮겼을 때다. 그럴 때는 안심하고 그의 친절을 만끽해도 된다.

그런데 솜씨를 아직 발휘하기도 전에 갑자기 선물 공세를 하거나 뻔질나게 연락을 한다면 수상하게 여겨야 한다.

당신 몰래 미팅을 하거나 회사에 찜해 둔 누군가가 있는 거라고. 남자들이 켕기는 구석이 있을 때 여친 또는 아내에게 잘해 줄 수밖에 없는 것은 마음 한구석에서 '나는 나쁜 놈'이라는 반성을 했기 때문이다. 그러니 그이가 갑자기 부드러워졌다면 이미 바람을 피우는 중이라고 봐야 한다.

해법은 단 하나. 강력하게 추궁해서 자백하게 하는 것! 평소와 다른 친절은 가짜 친절이다.

그럴수록 다양한 유혹의 테크닉을 발휘하라. 철저한 단속만이 한눈팔기를 예방할 수 있다.

궁금한 게 많아도 '실패자'에게 상담하면 안 된다

하고많은 사람 중에, 하필이면 몇 번이나 연애에 실패한 친구, 선배에게 상담하러 가는 이들. 난센스도 이런 난센스가 있을까?

그들의 얘기가 옳다면 그들은 벌써 행복한 결혼 생활을 하고 있어야 하는 거 아닌가?

요컨대 그들은 실패자임을 잊지 말자. 몇 번씩 연애에 실패했다는 것은 뒤집어 말해 그만큼 연애에 서투르다는 뜻이며, 결국 '나처럼 하면 안 돼요.'라는 충고밖에 못 한다는 의미이기도 할 터.

물론 연거푸 고배를 마시는 사람들의 충고 속에도 귀담아들어야 할 점이 없지는 않겠지만, 그래 봤자 실패담임에는 변함이 없다.

'오호~ 저렇게 하면 실패하는구나.'

이런 자세로 반면교사의 태세를 잃지만 않는다면 문제될 것 없겠지만, 이래라저래라 하는 조언은 기본적으로 한 귀로 듣고 한 귀로 흘리는 것이 상책! 상대는 바로 그 방법으로 실패했다는 사실을 기억하자.

"난 힘든 사랑을 여러 번 경험하면서 깨달은 게 있어." 본인이 아무리 깨달았다고 주장해도 솔로 탈출도 못 한 사람이라면 믿을 말이 못 된다. 그렇게 자신 있으면서 제 몸 하나 건사하지 못 하는 건 어떻게 설명할까?

따라서 연애 상담의 철칙은 반드시 성공한 사람을 찾아가는 것이다. 누가 봐도 멋진, 심지어 바람도 안 피우는 남친과 깨가 쏟아지는 선배를 찾아가서 이렇게 물어라.

"어떻게 하면 그렇게 오래 사귈 수 있죠?", "한눈 못 팔게 하는 비결은 뭐예요?" 이렇게 해야 남자 마음을 사로잡는 방법을 배울 수 있다.

어쨌든 본인이 직접 실천해서 성공까지 거둔 사람의 얘기는 참고할 만하다. 매일 문자는 몇 통이나 주고받는지, 데이트 때 주의 사항은 무엇인지, 남친의 취미는 뭔지 등등 하나에서 열까지 체크해야 한다.

실패자들은 본능적으로 주위사람들과 동병상련의 감정을 느끼고 싶어 하는 법. 시답잖은 조언 뒤에 언젠가는 당신과 실연의 아픔을 함께 나누고 싶은 잠재의식을 가진 사람이다. 소개를 해 준다고 해도 실패자가 쓸 만한 남자를 골라 줄 리 만무하다.

반대로 이미 좋은 사람을 만나 잘 나가는 이들은 함께 잘 되고픈 심리가 작용, 마치 제 일처럼 질 높은 상담을 해 줄 수 있다.

결론은 심플하다. 성공의 비결을 아낌없이 얻고 싶은가? 그렇다면 믿고 의지할 상담 창구를 잘 가려내자!

힘든 연애는 잠시 중단하라

연애가 힘들고 괴롭다면 일단 그와의 관계는 끊는 것이 좋다. 머리카락도 결이 상한 부분을 잘라 내는 것이 최고이듯 연애도 그렇다. 잠깐이라도 좋으니 관계를 끊어라. 그래야 당신이 망가지지 않는다.

남자들은 자칫 여친을 자기 '편의' 대로 이용하려 든다. 이래저래 자기 볼일 다 본 다음 성욕을 해소하기 위해 활용하기도 하니까. 필자가 본 뻔뻔남의 최고봉은 당당하게 양다리 걸친 사실까지 폭로해 버린 남자다. 그러니 사랑이 힘들고 괴롭다면 그 남자와는 헤어져라. 기대해 본들 별 볼일 없을 게 뻔하다.

비련의 여주인공이 되고 싶은 건지 유부남에, 폭력 성향 또는 알코올 중독 성향이 다분한 남자만 골라 가며 좋아하는 여자들도 있다. 고통 속에 몸부림치는 게 뭐가 좋다는 걸까? 마조히즘인지는 몰라도 그런 식으로 굳이 자신을 괴롭힐 이유가 있을까?

따라서 남친과의 사랑이 어렵고 힘들다면 당신 스스로 연락을 끊어라. 일주일 또는 한 달, 연락을 끊고 꾹 참아 보는 것이다. 그도 연락하지 않는다면 고민할 것도 없이 단념하라. 이미 물 건너간 단계니까.

참고로 상대에게 이별을 고하는 것은 약간의 희망이라도 남길 가치가 있는지 가늠하기 위한 것이다. 남자란 족속들은 잠깐 놀던 여자라도 헤어질 때는 아깝게 여기는 법이다. 따라서 '차일 것 같은' 느낌이 들면 온갖 수단을 동원해 챙겨 주려 들게 되어 있다.

당신이 연락을 끊었을 때 싹수가 있는 남자라면 반드시 묻게 되어 있다. "요새 왜 연락 안 해? 나 뭐 잘못한 거야?" 그렇다고 그 자리에서 좋아하면 절대 안 된다. 몇 주 만에 듣는 그의 목소리에 뛸 듯이 기쁘더라도 어둡게 가라앉은 목소리를 들려줄 것. "아니. 그런 건 아닌데……, 그냥 좀…….", "좀……, 거리를 두고 싶어서." 어디까지나 불분명한 태도로 일관해야 한다.

만약 그가 진지한 태도를 보인다면 어느 정도 정상 참작의 여지는 있겠다. 그럴 때에만 "딴 여자는 만나지 마." 또는 "나한테 잘해 줘." 같은 요구를 해야 한다. 물론 요구가 받아들여지지 않으면 이별도 불사하겠다는 강한 의지를 들이대는 것도 잊지 말자.

사실 그가 이 요구를 받아들일지 여부는 대단히 모호하다. 그렇지만 결론은 하나! 괴롭고 힘든 연애는 지속될 수 없다. 언젠가는 끝내야 한다면 기분만이라도 개운하게 마감하자.

바람을 피웠어도 고백하면 안 된다

바람을 피우려면 들키지 마라. 필자는 이것이 연애할 때 최소한의 룰이라고 생각한다.

하지만 현실이 어디 그런가? 녹록잖은 현실은 한바탕 소동과 함께 들통나고 마는 것이 대부분. 자, 당신은 상대방이 이상한 낌새를 느꼈을 때 어떻게 할 것인가?

결론부터 말하면 '마지막 순간까지 포기하지 마라!' 가능한 모든 수를 써서 정당화시키고, '절대 바람이 아님'을 우겨야 한다는 것이다. 클린턴 전 대통령은 마리화나 흡입 의혹이 불거졌을 때 "피웠지만 목 안으로 삼키지는 않았다."라고 변명했다.

그런 얼토당토않은 변명이 어떻게 통할까 싶지만 웬걸, 그 변명이 세상 사람들을 납득시켰다는 사실!

세상의 모든 변명은 그 나름 상대를 설득하는 효과를 가진다. 그의 친구가 당신과 불륜남의 다정한 장면을 목격했다고 치자. 격앙된 그가 당신을 추궁할지도 모른다. 그렇다고 할지라도 '마지막 순간까지 포기하지 않는' 스포츠 정신(?)을 충분히 발휘해야 한다. "어쩌다 밥까지는 먹었지만 바로 헤어졌어. 지하철역으로 가던 중이었는데 그 말은 못 들었어?" 거짓말도 때론 필요하다.

가령 호텔에서 나오는 장면을 목격당했다 치더라도 "정말 쉬기만 했어."로 일관해야지, "네가 내 남편이야? 누구랑 무슨 짓을 하건 무슨 상관이야?" 같은 헛소리는 절대 하면 안 된다. 뭐 뀐 놈이 성낸다고 역정을 내게 되면 스스로 인정하는 꼴이니까.

남자들은 제 여자는 절대 바람 같은 거 안 피울 거라고 믿고 있다. 그래서 그 어떤 속 보이는 거짓말을 해도 상당 부분 속아 넘어간다. 이런 그의 마음도 몰라주고 자백을 해 버리면 오히려 좌절의 늪으로 밀어 넣는 꼴 아닌가? 그러니 그를 위해서라도 거짓말을 해 주는 것이 좋은 일이다.

만약 그가 끊임없이 의심한다면 "나를 못 믿는 거야? 아님 내가 바람을 피웠으면 좋겠다는 거야?"라고 적반하장으로 나가 보라.

대개 추궁을 하는 사람은 자신이 추궁을 받게 될 거라는 예상을 못하기 때문에 이 경우 상당히 당황하게 된다.

이 틈을 타 재차 안심시키면 된다. "믿어. 정말 아무것도 아니니까. 알았지?" 이쯤에서 그를 올려다보며 가슴팍으로 파고들면 OK~. 그러면서 슬프디슬픈 목소리로 "난 자기한테 아무것도 숨기는 게 없는데." 라고 연타를 날려 주면 더욱 확실하겠지? 웬만하면 이 정도로 난국은 타개된다(아마도).

단, 정말 어쩔 수 없는 경우라면 순순히 실토하자. 쓰고 난 콘돔이 발견됐다거나 할 경우라면 더 이상 피할 곳이 없다. 사죄할 수밖에. 그렇다고 눈감아 줄 남친이 세상에 어디 있을까마는 크게 각오하는 것이 좋을 것이다. 어차피 그런 상황까지 갔다면 자업자득이니까.

그가 시들해지면 '가상의 라이벌'을 등장시켜라

남자들이란 기본적으로 '잡아 놓은 물고기에게는 먹이를 줄 필요가 없다.'라고 생각한다. 사귀기 전에는 몸바쳐 충성하다가도 일단 내 여자다 싶으면 시들해지는 것이다. 반년만 지나면 섹스도 시큰둥, 대접이 시원찮아지기 시작한다. 데이트 코스도 다람쥐 쳇바퀴 돌 듯 정해진 순서대로 돌다가 그의 집에서 끝나는 경우도 적지 않다.

그들로서는 내 것이라는 안도감 때문에 그러겠지만 여자 입장에서는 참을 수 없는 일 아닌가? 이럴 땐 다시 한 번 연애 감정을 불러일으키는 테크닉이 필요하다.

그 중 하나. 고전적인 방법이지만 '라이벌'을 등장시키는 작전이다. 다른 남자의 대시를 받았음을 은연중에 암시하는 것이다. 그런데 이 작전, 의외로 꽤 큰 효과가 있다. 분명히 당신을 대하는 태도가 당장 달라질 것이다. 다른 남자에게 자기 여자를 뺏긴다는 것을 대단히 굴욕적인 일이라고 생각하기 때문이다.

예를 들어 그와의 데이트 도중 문자 메시지가 들어왔다고 하자. 내용이 무슨 상관이람? 흠칫 당황하는 연기를 보여 주자. "누군데? 뭔데?"라고 물어도 "어, 뭐 그냥 아는 사람……."이라고 얼버무려라.

'○○마트 고등어 마리당 1,000원 한정 세일'이면 어떠냐? 눈을 어디다 둘지 몰라 당황하며 난처한 표정을 짓기만 하면 된다. 어차피 목적은 의혹을 불러일으키는 것이다. 그러니 살짝 과장하더라도 무리는 없다. 당신의 연기가 능숙하면 할수록 그는 있지도 않은 '제3의 남자'를 의식, 뺏길 수 없다는 생각에 온갖 정성을 쏟아부을 것이다.

데이트 횟수를 일부러 줄여 보는 것도 효과적이다. 매주 토요일이면 약속 없이도 만나던 것을 "이번 주는 좀……." 하고 얼버무리며 취소하는 것이다.

누구랑 놀 거냐, 어디 가느냐 꼬치꼬치 캐물어도 작전대로 더듬기만 하면 된다. "그게 말이지……, 아 맞다. 영미! 영미랑 만나는데, 뭐하고 놀지는 아직······." 거짓말이라고 대놓고 표를 내란 말씀. 잊지 마라. 수상쩍게 여기도록 하는 것이 목적이다.

자, 그런 다음에는 어떻게 해야 할까? 정말 영미 씨와 놀면 된다. 가끔은 여자들끼리 한잔 마시는 것도 얼마나 좋은가? 남친이라고 매번 만나 봐야 숨만 막힐 뿐, 1, 2주 간격을 두고 만나면 당신도 신선한 기분 전환을 맛볼 수 있다.

남친이 걱정이 많은데다 행동력까지 갖추고 있다면 당신의 뒤를 밟을 가능성도 있다. 하지만 정말 영미 씨를 만난다면 뒷일도 걱정 없다. 단, 실제 라이벌이 될 만한 사람을 만들거나 정말 바람을 피운다면 그건 별개의 문제. 귀찮은 사태를 초래할 수도 있으니 조심하자.

결혼에 대해 연구하는 E. 파인이라는 학자는 결혼을 원하는 여성들을 위해 바로 이 방법을 적극 추천한다.

남자들은 진지하던 열정을 금방 망각하기 때문에, 적당한 타이밍에 '똑바로 안 하면 딴 남자한테 가 버릴 거야.'라는 경고를 날려 줘야 한다는 주장이다. 그럴싸하지 않은가?

접촉을 줄여 그의 '불안감'을 부채질하라

남자가 연애에 조금이라도 소홀하다 싶을 땐 단호하게 연락을 끊어라. 그래야 남자가 긴장을 늦추지 않는다. 이때 겁을 먹으면 제아무리 남자라도 울며불며 매달리기도 한다. 그러게 평소에 잘하라니까.

자, 본론으로 들어가자. 당황한 그는 갑자기 연락해 올 것이다. "내일 만날 수 있어?" 혹은 당장에 만나자고 할지도 모른다. 그렇다고 졸래졸래 약속 장소로 나간다면 '그 전날 연락해도 되는 애' 정도로 하찮게 취급받기 딱 좋다. 따라서 시간이 남아돌지라도 이 시점에서는 거절부터 하고 봐야 한다.

그뿐인가? 따끔하게 일러 줘라. "미안. 그런데 데이트 신청도 일주일 전에는 얘기해 줘야 스케줄 조정할 수 있어."

만나고 나서도 마찬가지. 평소 10시까지 놀아 줬다면 가끔은 8시 반쯤에 냉정하게 헤어지자. "한 시간 정도 더 놀다 가도 되잖아? 더 놀자."라고 해도 "가다 들를 데 있어."라고 둘러대라.

조금씩 접점을 줄여가다 보면 어느 순간 그의 불안감이 최고조에 이를 때가 온다. 그제야 남자는 깨닫는다. '이러다 차이겠다. 잘해 줘야지.' 그의 불안감을 자극하는 작전은 부가 효과도 짭짤하게 거둘 수 있다. 무엇보다 그의 가슴에 불을 지른다는 것!

남자들은 희한하게도 불안감이 고조되면 동시에 연애에 임하는 태세도 전투적으로 돌변하기 때문이다.

재미있는 실험 결과를 하나 소개할까? 미국의 뉴잉글랜드에 있는 메인 대학에서 심리학을 연구 중인 조엘 골드 박사. 60명의 남성을 모아

놓고 "한 시간 후에 당신들의 피를 양껏 뽑겠다."라고 겁을 주었다.

아니나 다를까 헌혈이 익숙지 않은 남성들은 불안해지기 시작했다.

그런 다음 골드 박사는 한 여성과 대화를 나누게 했다. 그러자 놀랍게도 불안해진 남성들은 그 여성에게 대단히 호감을 느낀다는 결과를 얻었다. 평소 때와 비교하면 30% 이상 많은 답변이었다.

골드 박사는 이 실험을 근거로 '불안이 로맨틱한 감정을 불러일으키는 효과가 있다.'라고 결론지었다.

당신이 남친의 불안감을 부채질해야 하는 근거가 바로 여기에 있다. 불안과 동시에 사랑도 불타오를 것이기 때문이다. "나 정말 사랑해?", "믿어도 되지?" 의지하고 있다는 걸 보여 주면 안 된다.

그가 연애에 불성실해질수록 그의 불안감을 자극하라. 그래야 "일이 바빠 못 만나겠다."라는 핑계를 안 댈 것이다. 정신이 번쩍 나면 잽싸게 달려와 무릎을 꿇는 것도 시간문제다!

별 볼일 없는 남친을 미끼로 더 나은 남자를 끌어들여라

남자의 정복 욕구를 자극하는 여자의 종류를 순서대로 나열하면 일도(一盜), 이비(二婢), 삼첩(三妾), 사기(四妓), 오처(五妻)라고 한다. 간단히 보충 설명을 하자면 이렇다. 제일 탐나는 것이 남의 여자를 뺏는 것이요(盜), 둘째가 하녀 등 부리는 여자(婢)요, 셋째가 첩(妾)이며, 넷째가 직업여성(妓), 마지막이 제 아내(妻)라는 말이다.

여기서는 그 첫째에 대해 살펴보자. 남자란 기본적으로 이미 누군가에게 소속된 여자에게 침을 흘리게 되어 있다. 아무 관심도 흥미도 없던 여자라 할지라도 최근 남자가 생겼다거나 얼마 후 결혼한다는 얘기를 들으면 갑자기 매력 포인트를 찾아내고 호감을 보이는 것이 그 증거다. 누군가의 소유라는 것만으로도 가치를 높게 쳐 주는 것이다. 이런 남성 심리를 꿰뚫어 본다면 악녀의 연애 사업에도 응용이 가능할 터.

쉽게 말해 허수아비 남친을 하나 세워 두면 훨씬 나은 남자의 눈길을 끌 수도 있다는 것이다. 바로 이 사람이다 싶은 남자를 만났을 때 작정하고 상담을 요청하라. "지금 만나는 그이는 아무래도 나랑은 안 맞는 거 같아요. 당신같이 좋은 사람이 생기면 맘이 흔들릴지도 모르겠네요." 불을 질러라. '약탈 가능'하다는 사실을 감지하면 타오르는 법이다.

남자들은 여자들이 고민을 얘기하기만 해도 '내가 아니면 누가 이 여자를 지켜 주리!' 하는 사명감에 사로잡히는 종족들. 그렇지 않아도 호의를 느낄 조건을 갖추었는데 '나 잡아 봐라~.' 하고 덤비는 여자가 눈앞에 있다면 오죽할까?

당신에게 현재의 별 볼일 없는 남친은 살아 펄떡이는 미끼일 뿐이다.

좀 미안하긴 해도 결국 더 나은 상대를 찾기 위한 과정이라고 생각하면 간단하다. 세상의 섭리란 것이 원래 그런 거니까.

남한테 미안한 짓은 못한다고 손 놓고 이상형을 기다려서 얻을 수 있는 게 무엇인가?

그것보다는 점점 나은 남자에게 갈아타기 해서 진짜 이상형을 쟁취하는 것이 실리가 아니냔 말이다. 그런 의미에서 '네 시작은 미약하나 나중은 심히 창대하리라.'를 새겨 두고 명심하자.

물론 '개구리 왕자'처럼 별 볼 일 없던 그이가 갑자기 왕자로 변신하는 일이 현실에서도 종종 일어날 수 있기에, 갈아타기 전에는 반드시 진가를 확인해야 하지만 말이다.

/ COLUMN /

사랑 때문에 받은 상처에는 사랑이 약이다

"이 사람이 아니면 차라리 죽는 게 낫겠어요."라고 말하는 여자들이 있다. 필자가 보기에는 과장이 너무 심하다. 사랑을 하면 그 순간이 인생의 전부인 양 착각하는 것은 맞다. 그러다 파국을 맞으면 죽을 것처럼 괴롭다는 것도 이해할 수 있다. 하지만 잊지 말자. 쓰라린 실연의 상처도 시간이 지나면 좋은 추억이 된다는 것을. 그러니 '사랑은 이제 그만.'이란 결심은 한편에 접어 두자. 더 나은 남자를 만날 수 있는 기회라고 긍정적으로 생각해야 인생도 행복해진다. 쓰라린 실연도, 가슴 아픈 이별도 결국은 기억 속으로 사라지는 것들이다.

캐나다 워털루 대학의 교수이자 심리학자인 마이클 로스에 의하면 사람의 기억이란 것은 그때그때의 상황에 따라 다른 형태로 각인된다고 한다. 즉 과거의 기억이란 항상 같은 느낌으로 남는 것이 아니라 시간의 흐름과 함께 수정되어 간다는 것이다. 3개월 전에는 분명히 고통스러운 실연의 기억이었건만, 어느새 '그런 얼간이랑 결혼 안 한 게 천만다행'이라고 변질되는 예를 누구나 흔히 보지 않는가? 그러니 한두 번 실연했다고 끙끙대지 말자. 차라리 그럴 시간이 있으면 하루빨리 더 나은 남자를 찾아 나서는 것이 현명하다. 좋은 남자를 만나 행복해지고 나면, 내가 왜 그런 시시한 일로 고민을 했을까, 스스로도 희한하게 여기게 될 것이다.

심리학적으로 말하면 상처받은 마음은 실연당한 지 3일까지가 제일 괴롭다고 한다. 하지만 4일째가 되면 점차 희미해지고, 한 달이 지나면 가끔 떠올릴 뿐이라나? 따라서 이 시기만 잘 넘기면 문제는 대부분 해결된다. 냉정하게 생각해 보자. 전에 사귀던 남친이 그렇게 잘났는가? 세상은 넓고 멋진 남자도 넘쳐난다. 다만 실연한 직후란 감각이 마비되는 법이어서, 홧김에 다른 남자에게 안긴 결과 자기혐오에 빠지는 악순환도 있을 수 있다.

그러니 정말로 심각한 실연 후라면, 적어도 한 달 정도는 새 남친을 만들겠다는 생각도 접는 것이 좋다. 당장 극복하고 싶은 심정은 알겠지만 헤어진 후 한 달은 참자. 필자는 항상 실연한 이들에게 "어서 새 남자를 찾아라."라고 조언하지만, 정말 몇 년씩 사귀다 결혼 직전까지 간 상태에서 헤어진 경우에는 "한 달은 스스로를 돌아보라. 새 출발은 그다음에 해도 늦지 않다."고 방향을 바꿔 충고한다. 그렇지 않으면 정말 시시한 남자에게 걸릴 확률도 있기 때문이다.

그러니 사랑으로 받은 상처, 사랑으로 극복하라! 상처 난 가슴에 새살이 돋게 하는 명약은 역시 사랑밖에 없다. 아무리 힘든 경험이라도 시간이 흐르면 추억이 될 뿐. 실연이 두렵다면 연애도 불가능하다. 행복한 악녀는 한두 번의 실패에 좌절하지 않는다.

| 저자 후기 |

마지막 페이지까지 읽어 주신 독자 여러분께 감사드린다.

책을 쓴다는 것은 대단한 에너지를 소모하는 일이지만 이번 책은 집필 자체가 즐거웠기에 작업이 그리 힘들지 않았다. '이런 테크닉은 틀림없이 도움이 될 거야!' 라는 생각에 혼자 흐뭇해했다가 쑥스러워했다가, 고민하는 과정 속에 순식간에 모든 것이 끝난 것 같은 느낌이랄까? 독자들도 그런 과정을 거치면서 읽어 주기 바란다.

필자는 남자라서 남자의 심정을 너무 잘 안다. 어떻게 하면 남자들이 좋아하는지, 어떻게 하면 남자가 진심으로 여자를 좋아하게 되는지를 이해하고 있다고 생각한다. 남자를 굴복시키는 데 효과적인 테크닉과 그 반대의 테크닉도 구별할 수 있다. 그래서 이 책은 틀림없이 효과적인 방법으로만 채워져 있다고 확신한다. 흔하디흔한 연애론처럼 알 듯 모를 듯 모호한 말로 일관한 책들과는 다르기에 감히 독자들의 '실천력' 향상에 확실한 도움이 되지 않을까 기대한다.

만약 독자 여러분이 이 책에 소개된 테크닉을 전부 마스터한다면 정복하지 못할 남자가 없을 것이다. 필자인들 당해 낼 재간이 없지 않을까 싶다.

자, 독자 여러분은 이제 실전에 써먹기만 하면 된다. 기필코 마음에 드는 멋진 남자를 쟁취할 수 있을 것이다. 당신에게 맞는 남자가 분명히 어딘가에 있다. 그를 만나면 주저 말고 이 책의 테크닉을 활용하라. 반드시 효과를 볼 것이다.

　마지막 페이지를 써내려가는 지금, 마지막으로 연애의 가장 중요한 비결이 뭐냐고 묻는다면 필자는 '적극성'이라고 답하겠다. 기세 좋게 밀어붙이는 스타일은 남자들의 전유물이라고 흔히 생각하지만, 여자들도 어느 정도 그러한 적극적인 자세를 보여야 하지 않을까? 단 여자들의 경우에는 '남자 밝힌다.'라는 소리를 듣지 않도록 잘 포장할 필요가 있을 뿐이다.

　연애에 무지해서는 득 볼 것이 하나도 없다. 역시 연애에서 가장 중요한 것은 스스로 찾아서 유혹하고, 밀고 당기는 과정 속에서 쟁취해 내는 적극성이다. 그뿐인가? 연애는 주도권을 누가 쥐느냐에 따라 승자가 결정되는 법이다. 절대 넘겨줘선 안 된다는 점을 기억하자!

　책을 집필하는 과정에서 많은 분께 신세를 졌다. 감사드린다. 여성용 연애 가이드라는 이름으로 이제껏 다루어지지 않았던 테마들, 특히 섹스 테크닉까지 필자가 그토록 다루고 싶던 부분이 반영돼서 더욱 감사하게 여기고 있다. 독자들의 반응이 시원찮다면 모두 필자 탓이겠지만, 연대 책임이라는 것도

있으니 함께 고생한 분들의 책임으로도 반쯤은 돌려놓는다. (^^)

또 인생의 여러 장면을 통해 필자에게 연애의 테크닉을 가르쳐 준 여성들, 사실 그들의 이름을 하나하나 거론하고 싶지만 그 숫자가 꽤 되기에 다 거명하기 어려운 점도 양해 바란다. 이런 식으로밖에 감사를 전하지 못하지만 그녀들의 '작업 기술'이 책 속에 녹아 있음을 밝히며 감사의 인사를 전한다. 섹스 테크닉에 대해서도 '소프트'한 부분들은 반영시켰다. '하드' 테크닉(그대들이 도구를 사용해 보여 주었던)들은 감히 생략하고 말았다. 그도 그럴 것이 일반 독자들에게 참고가 될 만한 것은 아니었기 때문이다.

이 책이 조금이라도 독자들에게 용기와 자신감을 심어 주었기를 바라며, 동시에 모든 귀여운 악녀들의 건투를 빈다.

나이토 요시히토

지은이 | 나이토 요시히토
심리학자. 게이오대학 사회학연구과 석사과정 수료. (유)안길드 대표이사. 심리학 이론을 바탕으로 한 커뮤니케이션 컨설팅계의 일인자로 집필, 강의, 컨설팅 등의 활동을 하고 있다. 주요 저서로는 《감동의 기술》, 《심리전에서 절대로 지지 않는 책》, 《사람을 매료시키는 암시의 기술》, 《속임수의 심리술》 등이 있다.

옮긴이 | 정문주
부산대학교 환경공학과 졸업. 한국외국어대학교 통번역대학원 한일과 졸업. 현재 통번역대학원 입시반 강사로 일하며 엔터스코리아 출판기획 및 일본어 전문 번역가로 활동 중이다.
역서로는 《어른 말을 들어라》, 《야채의 숨바꼭질》, 《폴짝폴짝폴짝》, 《뇌신경 간호》, 《대사증후군의 병태적 분자생물학》, 《간호사를 위한 왜? 어째서?(한일번역)》 시리즈 10권이 있다.